Peter Malinowski

Flourishing

Welches Glück hätten Sie gern?

Peter Malinowski

Flourishing

Welches Glück hätten Sie gern?

Positive Eigenschaften kultivieren
und Schwierigkeiten meistern

IRISIANA

FSC
www.fsc.org
MIX
Papier aus verantwortungsvollen Quellen
FSC® C014496

Verlagsgruppe Random House FSC-DEU-0100
Das für dieses Buch verwendete
FSC®-zertifizierte Papier *Munken Premium Cream*
liefert Arctic Paper Munkedals AB,
Schweden.

Umschlaggestaltung: HildenDesign, München,
unter Verwendung eines Motivs von Shutterstock/Irina Konstantinova
Illustrationen: Bettina Kammerer, München
Beratung: Stefan Linde
Satz: Uhl + Massopust, Aalen
Druck und Bindung: GGP Media, Pößneck
Printed in Germany
ISBN 978-3-424-15077-3

817 2635 4453 6271

Inhalt

Für Lili,
weil gemeinsam unser Leben erblüht

shoulder to shoulder and back to back

Mit Dank
an alle, von denen ich lernen durfte und darf;
von den ersten wackligen Schritten
bis zu den unbegrenzten Qualitäten des Geistes;
insbesondere an meine Lehrer
Hannah Nydahl,
Lama Ole Nydahl
und
S.H. der 17. Karmapa Trinley Thaye Dorje

Einleitung

Die befreiende Kraft des Augenblicks

Nach dreistündigem Anstieg, der nicht nur körperlich anstrengend war, sondern ebenso ein Höchstmaß an Konzentration erforderte, erreichen wir die Bergspitze, und ein atemberaubendes Panorama eröffnet sich vor uns: eine Weite und Schönheit, die uns alle Mühen vergessen lässt. Die pastellenen Töne der kahlen Berggipfel sind getragen von einem lebendig satten Grün der Täler tief unten, wir spüren die kristallklare Luft, und ein beständiger Wind kühlt uns die schweißnasse Stirn. Wir stehen schweigend da, und der Blick findet in fast unendlicher Ferne einen Ruhepunkt.

Sicherlich kennt jeder von uns solche erfüllenden Momente des bloßen Seins, des nackten Gewahr-Seins, in denen die normale innere Geschäftigkeit zur Ruhe kommt und Erleber und Erlebtes zu einer Einheit verschmelzen. In einem derartigen Moment zeigt sich die Kraft des Augenblicks, es ist ein Erleben, das geprägt ist von der Intensität der Erfahrung, in der Erwartungen, Hoffnungen und Befürchtungen keinen Platz haben. Es ist ein Moment, in dem man, für diese kurze Zeit, sich selbst vergisst.

Auch wenn Sie kein Liebhaber der Berge sind, kennen Sie sicherlich ähnliche Situationen: Momente völliger Offenheit und Verliebtheit, in denen nur das Glück des Partners eine Rolle spielt; Momente, in denen elterliche Zärtlichkeit und die Liebe für das neugeborene Kind aufwallen und sich jede Sorge oder geistige Einengung für eine Weile auflöst; ein tiefroter Sonnenuntergang über dem fernen Horizont des offenen Ozeans.

Ob wir uns im freien Fall befinden, bevor sich der Fallschirm öffnet, uns mit nur wenigen Fingern in der Felswand festkrallen oder uns bei romantischem Kerzenschein in den Augen des Gegenübers verlieren, all diese Situationen haben eines gemeinsam: Die Erfahrung unermesslicher Fülle durchdringt uns. Es geschieht, wenn wir uns selbst vergessen, wenn die Intensität der Erfahrung zu groß ist, um an Einkaufsliste oder Überziehungskredit zu denken, wenn unser Gefühl von Verbundenheit über Mein und Dein hinausgeht. Immer dann passiert etwas Ungewöhnliches und Überwältigendes: Ein Meer (oder Mehr) an Reichtum wird erfahren.

Sie mögen sagen: »Schön und gut, solche Momente mag es geben – aber letztendlich ist das weit von meinem Alltagsleben entfernt.« Ich wage zu widersprechen: Verlagern wir den Blick von den verschiedenen Inhalten und Bedingungen derartig erfüllter Momente auf die ihnen zugrunde liegenden Gemeinsamkeiten, so wird ein allgemeines Muster deutlich. Diese Augenblicke der Erfüllung teilen eines miteinander: Unsere gewohnheitsmäßigen Gedanken und Vorstellungen treten in den Hintergrund und die volle Kraft der Erfahrung kommt zum Vorschein. Diese Momente ohne Zwar und Falls, ohne Wenn und Aber zeigen uns, dass es möglich ist, einen derartigen Reichtum zu erfahren. Und die beste Botschaft ist: Sie müssen dafür keinen schweren Berganstieg bewältigen und sich auch nicht in viertausend Metern Höhe aus einem funktionierenden Flugzeug werfen! Was diese Momente zum Durchschimmern bringen, ist ein Schatz inneren Reichtums, der in jedem von uns ruht und nur darauf wartet, entdeckt und geborgen zu werden.

Dass unterschiedlich gestrickte Personen unter unterschiedlichen Bedingungen und in unterschiedlichen Situationen derart erfüllende Erfahrungen haben, macht deutlich, dass diese letztendlich nicht von bestimmten äußeren Situationen abhängen. Ob wir derartige Momente erleben, hängt vielmehr davon ab, wie sehr wir feste Gewohnheiten und Vorstellungen loslassen können, wie sehr wir uns davon lösen können, etwas sein und darstellen zu müssen, bestimmten Erwartungen zu entsprechen oder unsere eigenen Erwartungen in die Welt und auf unsere Mitmenschen zu projizieren.

Wenn dem so ist, dann geht es praktisch gesehen offensichtlich darum, ob sich derartige Erlebnisse kultivieren lassen. Was können wir tun, um auch im Alltag erhabene Momente zu erleben, um insgesamt mehr Erfüllung zu erfahren? Die Antwort auf diese Frage ist fast ein Paradoxon: Sie werden sicherlich sofort erkannt haben, dass uns eine starke Erwartung solcher Erfahrungen aus dem Reichtum des Augenblicks katapultiert oder sogar von vornherein verhindert, dass wir derartige Erfahrungen erleben. Es ähnelt dem Versuch, ein Gegenüber zu mehr Spontaneität zu bewegen: Die Aufforderung »Sei doch spontan!« hat, wenn sie überhaupt etwas bewirkt, eher den umgekehrten Effekt! Ebenso ist es schwierig, auf Befehl einzuschlafen. Wenn wir *erwarten*, einen Zustand frei von Erwartung zu erleben, haben wir also ein Problem. Trotzdem ist es natürlich möglich, spontan zu sein, und die meisten Mitmenschen sind auch in der Lage einzuschlafen. Spontaneität zeigt sich immer dann, wenn wir uns in einer gegebenen Situation zu Hause fühlen, und wir schlafen ein, wenn das nötige Maß an Ruhe, Dunkelheit, Müdigkeit und ein Ruheplatz zusammenkommen. Wenn die richtigen Bedingungen vorhanden sind, ist es also möglich, Zustände, die schwer direkt erzeugt werden können, zu erfahren.

Wie aber kommen wir nun an die Erfahrung von unbedingtem Reichtum und wahrer Erfüllung heran? Mein buddhistischer Lehrer, Lama Ole Nydahl, vergleicht die Situation manchmal mit dem Versuch, unser eigenes Glück um einen runden Tisch zu jagen. Wir rennen und rennen, können das Glück jedoch nie so recht erhaschen oder gar festalten. Bleiben wir aber stehen, springt uns das Glück in den Rücken.

Der wichtigste Punkt ist hier Vertrauen. Nur wenn wir wirklich darauf vertrauen können, dass grundlegend positive Qualitäten in unserem Geist ruhen, werden wir es wagen, völlig loszulassen und frei von Erwartungen und Befürchtungen für eine Weile innezuhalten.

Was Sie in diesem Buch erwartet

Und damit sind wir mitten im Thema: *Flourishing*, »Aufblühen«. Können wir uns damit anfreunden, dass es tatsächlich grundlegend gute menschliche Qualitäten gibt, die als Potenzial in unserem Geist liegen, dann bleibt eigentlich nur die Frage, wie wir dahin kommen können, sie auch zu erfahren und zu verwirklichen, sie zum Erblühen zu bringen und damit unserem Leben tiefste Erfüllung und uns selbst wahres Glück zu bescheren.

Welches Glück hätten Sie gern?

Und wie der Titel des Buches schon nahelegt, haben wir die Möglichkeit und die Wahl. Irgendwie versuchen wir ja alle, das Glück zu finden. Doch suchen wir es dort, wo wahre Erfüllung zu finden ist? Sind wir davon überzeugt, dass es etwas Lohnenswertes zu erreichen gibt? Und richten wir unser Leben danach aus, dies auch zu erlangen? Oder vertagen wir es eher, weil vorerst »wichtigere« Dinge anstehen? Was ist unsere Vorstellung von Glück? Ist es etwas, was einem unvorhergesehen in den Schoß fällt, wie ein Sechser im Lotto, etwas das vielleicht Einer unter Tausenden findet? Zerrinnt es zwischen den Fingern, gerade wenn wir glauben, es gefunden zu haben? Oder liegen wir gar daneben, überhaupt nach Glück zu streben? Mein Wunsch ist, mit Ihnen etwas genauer hinzuschauen, welches Glück wir eigentlich meinen und was wir dafür tun können.

Positive Eigenschaften kultivieren und Schwierigkeiten meistern

Praktisch gesehen geht es genau darum: Wie können wir positive Eigenschaften, seien es Vertrauen, Liebe, Mitgefühl, Dankbarkeit, Verzeihen oder Solidarität, um nur ein paar Beispiele zu nennen, kultivieren? Und wie helfen uns diese Eigenschaften, Schwierigkeiten zu meistern – Meister unseres eigenen Lebens zu sein, die Kunst des guten Lebens zu verwirklichen und Lebenskünstler im wahrsten Sinne des Wortes zu sein?
Ich möchte Sie mit diesem Buch einladen, die Möglichkeiten zur Entfaltung unseres menschlichen Potenzials zu erforschen, zu untersuchen, was ein erfülltes Leben ausmacht und wie wir dies erreichen können. Ich möchte mit Ihnen meine tiefe Überzeugung teilen, dass wir tatsächlich die Wahl haben, dass wir die Hauptdarsteller in unserem Leben sind und es in der Hand haben, wie glücklich wir sind, wie lebenswert unser Leben ist.
In meinem eigenen Leben vereine ich seit vielen Jahren die wissenschaftlichen Erkenntnisse aus Psychologie und Neurowissenschaften mit uralten buddhistischen Weisheiten und den Erfahrungen meiner eigenen Meditationspraxis. Und ich finde es begeisternd, dass in den letzten Jahren das Thema *Flourishing* zu einem neuen Trend geworden ist. Mit diesem Buch möchte ich aber auch dazu beitragen, dass es mehr als ein kurzlebiger Trend wird, der aufflackert und dann erlischt. Mir scheint, wir Psychologen sind an einem Punkt angekommen, an dem wir genau die richtigen Fragen stellen können. Was sagt die Psychologie zur Entwicklung menschlicher Eigenschaften? Was passiert da im Gehirn, und wie erklären sich die verschiedenen Prozesse aus neurowissenschaftlicher Sicht? Welche bewährten Methoden aus der Psychologie und aus der buddhistischen Schatzkiste können uns helfen, unseren inneren Reichtum zu entdecken, und wie lassen sie sich sinnvoll in unseren Alltag integrieren? Beim Versuch der Beantwortung solcher Fragen

schlage ich die Brücke zwischen dem traditionellen Wissen des Buddhismus und den neuesten Erkenntnissen der Psychologie und der Neurowissenschaften.

Der erste Teil des Buches führt in die psychologischen Hintergründe ein, gibt einen Überblick über unterschiedliche Verständnisweisen von Glück und erklärt, welche Rolle sie für *Flourishing* spielen können. Die zweite Hälfte des Buches wird dann viel praktischer. Auf der Grundlage des vorher entwickelten Verständnisses werden wir uns hier gangbare Wege anschauen, wie sich ein Zustand von *Flourishing* in unseren gelebten Alltag umsetzen lässt. Dabei werden wir auch sehen, dass *Flourishing* viel mehr ist als nur ein persönlich erfahrenes Wohlbefinden, und dass soziales *Flourishing* von besonderer Bedeutung ist. Das letzte Kapitel fasst dann alles in ein paar Ratschlägen zur praktischen Umsetzung zusammen.

Teil 1: Flourishing

Leben, Freiheit und das Streben nach Glück

Meine persönliche Geschichte mit dem Thema *Flourishing* und damit auch die Geschichte dieses Buches beginnt im Juni 2009 in Philadelphia – dem Geburtsort der Vereinigten Staaten von Amerika. Hier trat der Begriff *Flourishing* bewusst in mein Leben. Zweihundertdreiunddreißig Jahre früher, im Jahre 1776, versammelten sich am gleichen Ort Vertreter der dreizehn Kolonien des Kontinents, die unter der Herrschaft des englischen Königshauses standen. Nach mehrjährigem Ringen waren sie entschlossen, die Unabhängigkeit von der englischen Krone zu erklären. Noch heute wird am 4. Juli, dem *Independence Day*, dem Unterschreiben und Verkünden dieser Unabhängigkeitserklärung gedacht.

Ich war jedoch nicht nach Philadelphia gekommen, um auf ausgetretenen Pfaden US-amerikanischer Geschichte zu wandeln. Ich war hier, um am Ersten Weltkongress der Positiven Psychologie teilzunehmen. Daher war es dann auch völlig ungeplant, dass der erste Ort, den ich bei meiner Ankunft in Philadelphia wirklich bewusst in mich aufnahm, der Garten der Unabhängigkeit und die *Independence Hall* war; ein Ort, an dem, im wahrsten Sinne des Wortes, Geschichte geschrieben wurde und diese Geschichte noch immer zu atmen scheint. An diesem Ort hatten die Vorväter der USA *Leben, Freiheit und das Streben nach Glück* in ihrer Unabhängigkeitserklärung zu unveräußerlichen Rechten aller Menschen erklärt.

Hier stand ich nun, mehr als zweihundert Jahre später. Während mich die Nachmittagssonne wärmte, wurde mir die Bedeutung dieses Ortes bewusst und ein Schauer der Ehrfurcht und Dankbarkeit lief mir über den Rücken. Für einen Moment

trat mir der Wunsch nach Freiheit, Glück und einem selbstbestimmten Leben, für den so viele Menschen gekämpft haben und gestorben sind, so deutlich vor Augen wie selten. War es Zufall, dass sich ausgerechnet an diesem Ort Wissenschaftler und praktizierende Psychologen aus aller Welt trafen, um sich über das Streben nach Glück, eines der zentralen Themen der Positiven Psychologie, auszutauschen?
So war ich kurz nach meiner Ankunft in ganz unerwarteter Weise in das Thema des Kongresses eingetaucht, und voller Freude und Erwartung genoss ich dann die Gelegenheit, mit Kollegen zu diskutieren, was ein glückliches und erfülltes Leben ausmacht und in welcher Weise wissenschaftliche Erkenntnisse und deren Anwendung dem Streben nach Glück zuträglich sein können.
Der Kongress mit etwa tausendfünfhundert Teilnehmern aus aller Welt bot reichhaltige Möglichkeiten zum Austausch mit gleichgesinnten Kollegen, und viele begeisternde Ansätze erweckten mein Interesse. In all der Vielfalt gab es jedoch ein Thema, das mich seitdem nicht mehr loslässt. Hier traf ich zum ersten Mal im psychologischen Umfeld auf den Begriff *Flourishing*, zu Deutsch »Aufblühen«. Verschiedene Forscher, allen voran Barbara Fredrickson, Felicia Huppert und Corey Keyes, fassen unter diesem Begriff die verschiedenen Aspekte zusammen, die ein erfülltes, lebenswertes Leben ausmachen, definieren es als eine neue Währung der Positiven Psychologie. Mir wurde deutlich, dass diese recht junge Disziplin einen wichtigen Entwicklungsschritt vollzog. Nachdem sie sich in den gut zehn Jahren ihres Bestehens vorrangig mit Glück und Wohlbefinden beschäftigt hat und Begrenzungen der sogenannten Glücksforschung immer deutlicher wurden, verspricht *Flourishing* eine deutliche Erweiterung. Es geht nicht nur um persönliches, individuelles Glück, sondern um Wachstum und Erfüllung, um die Entfaltung unser Fähigkeiten und

um unsere Beziehung zu unserer Umwelt, unseren Beitrag zur Gesellschaft. Es geht darum, wie wir, eingebettet in unser soziales Umfeld, eine wirkliche, tiefe Lebensfreude finden und teilen können, ein wirklich lebenswertes Leben schaffen – ein deutlicher Unterschied zu dem oftmals eher vordergründigen Streben nach kurzlebigem Glück und angenehmen Erfahrungen.

Ist auch diese Erweiterung und Vertiefung des Ansatzes der Positiven Psychologie an sich schon spannend und vielversprechend, so regte die Vorstellung des Aufblühens bei mir noch weitere Assoziationen, die deutlich über die eigentliche Thematik des Kongresses hinausgingen. Ich war auch zu dieser Veranstaltung gekommen, um meine eigene Arbeit zur positiven Wirkung von Meditations- und Achtsamkeitsübungen darzustellen und fand nun im *Flourishing* einen geeigneten Rahmen für die Weiterentwicklung meiner Ideen und Erkenntnisse. Das Bild, das dem Begriff seine Kraft verleiht, war mir zudem sehr vertraut. Im Buddhismus wird die voll entfaltete, aufgeblühte Lotosblüte als Symbol für die unbeeinträchtigte, ungetrübte Natur des Geistes gesehen, aus der sich ein ungeahnter geistiger Reichtum entfalten kann.

In einem Moment wurde mir klar, dass das Thema *Flourishing* in sich die Möglichkeit bot, die zwei recht verschiedenen Zugangsweisen zum Glück, wie sie die Psychologie und die buddhistische Meditationspraxis untersuchen, in engere Verbindung zu bringen. Im ersten Moment mag dies vielleicht wie eine recht akademische Einsicht anmuten – es ist jedoch viel mehr als das, und ich möchte Sie dazu einladen, die theoretisch und lebenspraktisch lohnende Vielfalt darin gemeinsam mit mir zu entdecken.

Seit etwa zweiundzwanzig Jahren beschäftige ich mich mit dem Buddhismus und bin bestrebt, die tiefgründigen Methoden und damit verbundenen Einsichten in mein Leben zu integrieren. Seit ebenfalls etwa zweiundzwanzig Jahren befasse ich mich mit Psychologie, von meinem Diplomstudium in Braunschweig bis zu meiner heutigen Dozententätigkeit an der Liverpool John Moores University. Obwohl ich als Dozent der Psychologie immer wieder Gelegenheit habe, Erkenntnisse aus Psychologie und Buddhismus in Lehre, Forschung und Mitarbeiterfortbildung zu verbinden, bietet die Idee des *Flourishing* eine neue integrative Dimension.

Diese neue Dimension, in der die aktuellsten Erkenntnisse der Psychologie mit den über Jahrtausende erprobten Mitteln des Buddhismus Hand in Hand gehen, ist faszinierend und vielversprechend. Sie eröffnet einen leicht zugänglichen praktischen Ansatz, der sowohl in der Wissenschaft als auch in der tiefgründigen Erfahrung der Erforschung des Geistes durch Meditation verwurzelt ist. Zudem scheint diese Entwicklung eine Aussage Lama Ole Nydahls, des bereits erwähnten bekannten dänischen buddhistischen Meisters, der rund um die Welt einen praktisch lebbaren Buddhismus zugänglich macht, zu bestätigen. Dazu befragt, was er von der Verbindung von Wissenschaft und Buddhismus hält, sagt er häufig: Je besser die Wissenschaft werde, umso buddhistischer werde sie auch. Mit dem Umschwenken auf *Flourishing* scheint sich dies zumindest für die Positive Psychologie zu bewahrheiten. Ein richtungsweisendes Beispiel bietet die Forscherin Barbara Fredrickson, die buddhistisch inspirierte Mitgefühlsmeditation als Methode zum *Flourishing* empfiehlt. Wie wir später im Detail sehen werden, konnte sie in einer umfangreichen Studie nachweisen, dass diese Meditation zu einer deutlich messbaren Zunahme an Wohlbefinden führt.

Während die Positive Psychologie nach wie vor hauptsächlich darauf ausgerichtet ist, die rechte Mischung aus äußeren und inneren Bedingungen zu bestimmen, die Voraussetzung für Lebenszufriedenheit und ein erfülltes Leben sind, geht es mir um noch viel mehr: nämlich darum, einen Weg aufzuzeigen, der zu einer wirklichen, verlässlichen inneren Zufriedenheit führt, die nicht in dem Moment zerrinnt, wenn sich innere und äußere Zustände verändern. Das ist das wirklich Besondere, was ich Ihnen mit diesem Buch ans Herz legen und gern mit Ihnen teilen möchte.

Aus der Tiefe des buddhistischen Schatzes schöpfend geht es bei Weitem über die bisher vorhandenen Ansätze der Positiven Psychologie hinaus. Im Mittelpunkt steht jetzt die Entfaltung menschlichen Potenzials und die Frage, was ein erfüllendes Leben ausmacht, ein Leben, das nicht nur frei von geistigen Störungen ist, sondern in dem ein hohes Maß an im besten Sinne menschlichen Eigenschaften verwirklicht ist. Seit mehr als zweieinhalbtausend Jahren werden buddhistische Meditationsübungen verwendet, um genau dies zu erreichen, um alle geistigen Fähigkeiten zu entwickeln, die uns den inneren Reichtum entdecken lassen. Diese Mittel haben regelmäßig glückliche Menschen mit einem erfüllten Leben hervorgebracht, selbst unter einfachsten oder gar widrigsten Bedingungen. Jeder, der schon mal in den Himalajaländern gereist ist und mit der tibetisch-buddhistischen Kultur in Berührung gekommen ist, wird dies bestätigen können!

Die neuesten Befunde aus Hirnforschung und Psychologie weisen dabei immer deutlicher in die gleiche Richtung. Regelmäßige Meditation scheint eine Vielzahl an – teilweise sogar erstaunlichen – messbaren positiven Auswirkungen zu haben. Wenn wir von wirklich umfassenden wissenschaftlichen Erklärungen zur Wirkung der Meditationspraxis auch noch weit entfernt sind, ist eins jedoch schon sehr deutlich: In diesem Forschungsgebiet tut sich was! Langsam, aber sicher beginnen die westlichen Wissenschaften zu erkennen, welche Kraft in der Mischung aktueller psychologischer Ansätze mit überlieferten, lang bewährten buddhistischen Methoden liegt. Und zunehmend wird dies mit empirischen Daten untermauert.

Diese Entwicklung macht auch deutlich, dass diese alten Methoden, die fast tausend Jahre lang in den Höhlen und Tälern Tibets bewahrt wurden, selbst in unserer hoch technologisierten Kultur eine Bedeutung finden. Buddhistische Einsichten und westliche Wissenschaften beißen sich kaum.

Menschenbilder

Ein Leben in Deutschland, dem Land mit dem fünfthöchsten Bruttoinlandsprodukt der Welt: Er/sie ist berufstätig, lebt wie knapp dreißig Prozent der deutschen Bevölkerung in einer kinderlosen Partnerschaft, ist nicht (noch nicht?) depressiv und schaut durchschnittlich etwa dreieinhalb Stunden pro Tag Fernsehen. Wir Deutschen sind zwar nicht so zufrieden wie die Dänen, die laut Gallupp-Studien die Nationalität mit der höchsten Lebenszufriedenheit sind, zeigen uns aber im Durchschnitt immer noch zufriedener als Bewohner dreiundneunzig anderer Länder, die in diesen Studien untersucht wurden. An siebenunddreißigster Stelle liegend ist das durchschnittliche Wohlbefinden in Deutschland nur wenig geringer als in Kasachstan, und auch Länder wie Kolumbien, Trinidad & Tobago und Panama liegen nur wenige Plätze vor Deutschland. Obwohl materieller Reichtum und wirtschaftliche Sicherheit für unsere Zufriedenheit eine Rolle spielen, ist das offenbar nicht alles.

Die *Flourishing*-Forschung fragt nun: Was gibt es sonst noch? Was macht ein wirklich erfülltes Leben aus? Was sind die Ursachen und Bedingungen für ein glückliches Leben, und wie können wir es erblühen lassen?

In der Positiven Psychologie erfreut sich dieser Zugang seit wenigen Jahren zunehmender Beliebtheit, denn er betrachtet jenseits der Untersuchung von kurzlebigen Glückszuständen ein ganzes Potpourri an menschlichen Eigenschaften, Fähigkeiten und Aktivitäten, die zu dem Gefühl, oder besser der Gewissheit, beitragen, ein erfülltes, wirklich lebenswertes Leben zu leben.

Als relativ neue psychologische Strömung hat sich die Positive Psychologie ja zum Ziel gesetzt, ein grundlegendes Ungleichgewicht in der wissenschaftlichen Psychologie auszugleichen. Mindestens seit Ende des Zweiten Weltkrieges beschäftigt sich die Psychologie – von der Sozialpsychologie bis zur Klinischen Psychologie – fast ausschließlich mit Konflikten, Defiziten und Störungen, wie sie wissenschaftlich erklärt und auf dieser Grundlage auch überwunden werden können. Das ist an sich natürlich ein sehr wichtiger, lohnender und lobenswerter Ansatz. Leiden zu verringern, ist zweifellos eine zentrale Aufgabe der Psychologie wie der Medizin. Doch vernachlässigen wir dabei all die guten Dinge unseres Lebens und Erlebens, dann übersehen wir etwas Grundlegendes!

Die Psychologie versteht sich als die Wissenschaft von der Seele, oder etwas neutraler ausgedrückt: als die Wissenschaft vom Geist. Noch näher an der ursprünglichen altgriechischen Begriffsherkunft kann Psychologie als die Lehre vom Atem – im Sinne von »Lebensprinzip« – verstanden werden. Heutzutage verwendet man wohl am ehesten die Definition, dass sich die Psychologie als die Lehre vom Erleben und Verhalten versteht. Aber egal wie wir sie nun genau definieren, ob als Lehre des Lebensprinzips, als Lehre vom Erleben und Verhalten oder vom Geist – wenn sich diese Wissenschaft ausschließlich mit dem beschäftigt, was *nicht* funktioniert, nur mit Fehlfunktionen, Konflikten, Schwierigkeiten und verschiedenen Formen geistigen Leidens, so fehlt wohl etwas. Die Möglichkeiten unseres Geistes, unseres Erlebens und Verhaltens wären bestimmt nicht vollends erfasst. Es ist dann auch nicht verwunderlich, wenn sich durch eine solche Defizitorientierung

ein Menschenbild formt, das etwas Schlagseite hat und uns als eher fehlerhaft und schwach darstellt.
Die Frage, wie sich derartige, defizitorientierte Menschenbilder ausbilden konnten, welche sozialen und kulturellen Einflüsse dabei eine Rolle spielten und wie sich dies bis in die heutige Zeit auswirkt, ist an sich sehr spannend und aufschlussreich, würde uns hier aber zu sehr von unserem eigentlichen Thema abbringen. Deutlich ist jedoch in jedem Fall, dass die psychologischen Menschenbilder, die insbesondere in der zweiten Hälfte des 20. Jahrhunderts richtungsweisend waren, zu einer Zeit, in der die wissenschaftliche Psychologie einen enormen Aufschwung erfuhr, nicht besonders schmeichelhaft sind. Sigmund Freuds psychoanalytische Triebtheorie beschreibt uns als von verschiedenen angeborenen Grundbedürfnissen gejagt, die uns in einen ständigen Spannungszustand versetzen, da sie mit den Anforderungen unserer gelebten Wirklichkeit in Einklang gebracht werden müssen. Unser bewusstes Ich ist somit ständig unseren unbewussten Bedürfnissen ausgesetzt und bemüht sich, diese in angemessene, sozial akzeptable Bahnen zu lenken.
Nicht viel angenehmer ist die zweite Hauptrichtung, der Behaviorismus, der sich in dem Versuch, sich von psychoanalytischen Vorstellungen abzugrenzen, strenge Wissenschaftlichkeit auf die Fahnen geschrieben hat. Der Anglizismus (Behaviorismus bedeutet in etwa »Verhaltenslehre«), deutet schon darauf hin, dass sich dieses Menschenbild in den USA entwickelte. In seiner von Burrhus F. Skinner formulierten Extremform schließt Behaviorismus jegliche Beschäftigung mit inneren, geistigen Prozessen aus und stützt sich allein auf das Studieren der Zusammenhänge zwischen Reizen und dem beobachtbaren Verhalten, das darauf folgt. Verschiedene Lernprozesse führen zur Ausbildung von Reiz-Reaktions-Mustern, die erklären, warum wir uns in einer bestimmten Weise verhalten.

Obwohl diese beiden psychologischen Menschenbilder miteinander wettstritten und in ihren Radikalformen den von außen nicht beobachtbaren psychischen Prozessen entweder sehr viel Bedeutung beimaßen oder diese völlig ablehnten, hatten sie eins gemeinsam: Der Mensch wurde als fehlerbehaftetes oder bestenfalls neutrales Wesen verstanden, das entweder durch Kontrolle der inneren Triebe in Schach gehalten oder durch die rechten Reiz-Reaktions-Kombinationen in Form gebracht werden sollte.

Die skizzenhafte Darstellung dieser beiden sehr einflussreichen Menschenbilder ist natürlich übertrieben vereinfacht und recht einseitig. Sie vernachlässigt all die guten, teils revolutionären Impulse, all die nützlichen Einsichten und all die erfolgreichen psychotherapeutischen Situationen, von denen eine Vielzahl an Menschen profitiert haben. All dies konnte sich nur auf Grundlage der Pionierarbeit großer Geister wie Freud und Skinner entwickeln.

Nichtsdestotrotz bleibt festzuhalten, dass weder psychodynamische noch behavioristische Ansätze viel über grundlegend gute menschliche Eigenschaften zu sagen hatten. Dementsprechend war auch das Bild der Psychologie in der Öffentlichkeit nicht besonders positiv.

Ich erinnere mich gut an Situationen, in denen Gesprächspartner etwas betreten reagierten, wenn unsere Unterhaltung darauf kam, dass ich Psychologie studieren würde. Ein gewisses Unbehagen war häufig deutlich zu spüren – so als fühlten sich meine Gegenüber beobachtet, durchleuchtet oder gar durchschaut. Häufig war dies von der Frage begleitet, ob ich denn nun erklären könnte, was mit ihnen falsch sei – oder sogar, welche Kindheitstraumen sie zu dem gemacht haben, was sie jetzt sind. Nicht ein einziges Mal in meiner mehr als zwanzigjährigen psychologischen »Karriere« wurde ich gebeten, etwas über die psychologischen Stärken meines Gegenüber zu sagen,

zu erklären, was in seinem Leben gut funktioniert oder warum derjenige so glücklich ist. Dies war offensichtlich nicht das Fachgebiet eines Psychologen. Und meine ganz starke Vermutung ist, dass es meinen psychologischen Kollegen nicht viel anders ging. Das gute Leben, menschliche Stärken und Erfüllung – das waren sicherlich keine Themenbereiche unserer Zunft.
Zugegebenermaßen waren menschliche Schwierigkeiten und Probleme auch für mich lange Zeit der ausschlaggebende Antrieb. Meine Entscheidung, Psychologie zu studieren, war von dem Leiden motiviert, das ich in meinem direkten Umfeld, in der Gesellschaft allgemein und durch die Medien vermittelt auch weltweit wahrnahm. Nach ein paar Jahren jugendlicher Orientierungssuche wurde mir deutlich, dass wir eigentlich alle nach einem glücklichen, zufriedenen Leben streben, dies aber selten erlangen und, schlimmer noch, für uns selbst und andere häufig mehr Schwierigkeiten als Glück produzieren. Mit der Einsicht, dass die Gründe dafür geistiger Natur sind, war meine Entscheidung dann auch schon gefallen. Ich wollte Psychologie studieren, um geistige Prozesse besser zu verstehen und damit zur Verringerung des Leidens meiner Mitmenschen beitragen zu können.
Als Psychologe entdeckte ich allerdings bald etwas optimistischere Aussichten. Etwas im Schatten von Freuds Psychoanalyse und Skinners Behaviorismus regte sich eine dritte psychologische Zugangsweise, am deutlichsten vertreten von zwei weiteren großen Geistern des 20. Jahrhunderts, Abraham Maslow und Carl Rogers, die als Begründer der Humanistischen Psychologie gelten. Maslow wurde besonders bekannt durch die von ihm beschriebene Bedürfnishierarchie (siehe Abbildung 1), die menschliches Streben vom Befriedigen grundlegendster Lebensbedürfnisse bis hin zur spirituellen Verwirklichung aufzeichnet und den menschlichen Drang zur Selbstverwirklichung deutlich formuliert.

Rogers wird als Begründer der Humanistischen Psychotherapie in Form von Gesprächspsychotherapie oder auch Klientenzentrierter Psychotherapie verstanden. Beide zeichneten ein deutlich wohlwollenderes Menschenbild, getragen von einem grundlegenden Vertrauen in menschliche Qualitäten. Rogers sprach von Lebenskraft (*force of life*), einer grundlegenden Neigung zur Verwirklichung der uns innewohnenden menschlichen Eigenschaften. Als Idealzustand postulierte Rogers das wahre Selbst, ein Ziel, das erreicht wäre, wenn all unsere Entwicklungsneigungen in bestmöglicher Weise verwirklicht wären.
Heute werden Maslow, Rogers und die Humanistische Psychologie, die sie vertreten, als Vorboten der Positiven Psychologie verstanden, der Begriff Positive Psychologie selbst wird Maslow zugeschrieben.

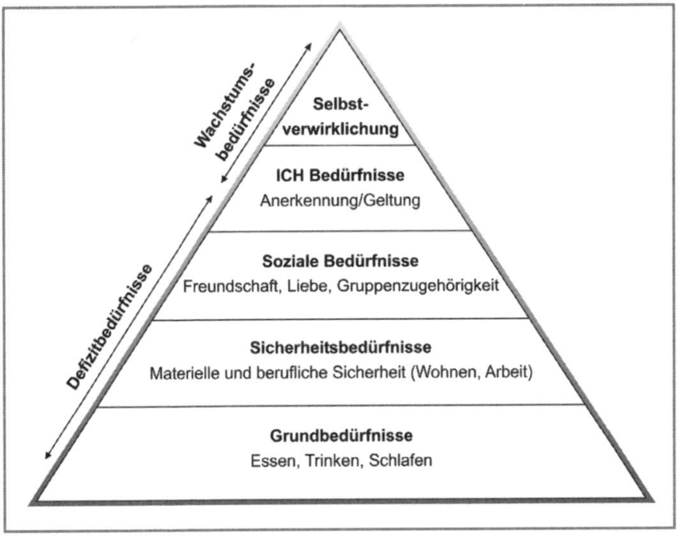

Abbildung 1: *Maslows Hierarchie der Bedürfnisse, auch Bedürfnispyramide genannt. Maslow ging von fünf Bedürfnisebenen aus, die wir versuchen zu befriedigen, wobei höhere Bedürfnisse erst in Angriff genommen werden, wenn die darunter liegenden erfüllt sind.*

Positive Psychologie

Die offizielle Taufe der Positiven Psychologie musste jedoch noch etwa fünfzig Jahre, bis 1998, warten. Als damaliger Präsident der Amerikanischen Psychologischen Gesellschaft (*American Psychological Association*) rief Martin Seligman eine Initiative ins Leben, die diesem Zugang seinen Namen gab. Gemeinsam mit Mihály Csikszentmihályi, der insbesondere durch seine Forschung zur Flow-Erfahrung bekannt wurde, war Seligman zu dem Schluss gekommen, dass sich die wissenschaftliche Psychologie zu sehr der Pathologie, dem Erforschen und Behandeln psychischer Krankheitsbilder, verschrieben habe. Positive Anteile der menschlichen Erfahrung würden viel zu wenig Beachtung finden. Ihr Anliegen war daher, diesem Zustand einen neuen Impuls entgegenzusetzen. Die Positive Psychologie war als Sammelbecken all der wissenschaftlichen Ansätze gedacht, die sich mit dem »guten Leben« beschäftigen, mit menschlichen Stärken, mit Potenzialen und Fähigkeiten.

Seligman beschreibt gern seinen eigenen Erleuchtungsmoment, als in ihm die Einsicht in die Bedeutung menschlicher Stärken erwachte. Diese Geschichte wurde als die Nikki-Story bekannt, und da immer wieder auf sie Bezug genommen wird, möchte ich sie Ihnen hier auch nicht vorenthalten.

Seligman stellt sich selbst als einen ausgesprochenen Nörgler dar, als jemanden, der nie Zeit hat, stets aufgabenorientiert und kaum zu einem Small-Talk in der Lage ist. Demgegenüber sei seine Familie, seine Frau und seine Kinder, sehr lebendig, fröhlich und Mitmenschen gegenüber sehr aufgeschlossen. Eines Tages jätete er, in üblich ernsthafter Weise, im Garten Unkraut. Seine kleine Tochter, Nikki, half ihm dabei, singend, tanzend und das Unkraut in die Luft werfend. Seligman war als ernsthafter Nörgler davon natürlich irritiert und schrie Nikki an. Daraufhin verschwand sie für ein paar Minuten, kam dann aber zurück und stellte ihn zur Rede. Sie fragte, ob er sich daran erinnere, wie weinerlich und wehleidig sie bis zu ihrem fünften Geburtstag gewesen sei. Jeden Tag hätte sie gejammert und gewimmert. An ihrem fünften Geburtstag hätte sie dann jedoch entschieden, damit aufzuhören. Dies sei das Schwerste gewesen, was sie jemals getan habe. Aber wenn sie, Nikki, dazu in der Lage sei, mit dem Jammern aufzuhören, dann könne er auch damit aufhören, so eine Kratzbürste zu sein!

In diesem Moment kamen Seligman zwei Einsichten. Zum einen, dass Kinder aufzuziehen nicht bedeutet, ihre Fehler und Schwächen zu korrigieren und all das, was mit ihnen verkehrt zu laufen scheint, irgendwie geradezubiegen. Vielmehr ginge es darum, ihre Stärken zu erkennen und zu fördern. Bei Nikki waren diese Stärken unter anderem der rege Wunsch, sich selbst zu verbessern, sowie ihre Kraft, ihren Vater zur Rede zu stellen und Gleiches von ihm zu fordern.

In seiner zweiten Einsicht drückt sich das Selbstverständnis der Positiven Psychologie aus. Würden wir, in gewohnter defizitorientierter Weise, Nikki einfach als ein Mädchen beschreiben, das nicht jammert und nicht weinerlich ist, würden wir meilenweit danebenliegen. Überhaupt jemanden nur anhand der Schwächen und Mängel, die er haben oder nicht haben mag, zu beschreiben, würde bedeuten, nur die eine Seite der Medaille zu beachten. All das, was das Leben lebenswert macht, was zum Gelingen beiträgt oder uns Widrigkeiten überwinden lässt, eben die »gute« Hälfte, bliebe außen vor.

Kurz gesagt, um diese zweite Hälfte, um die andere Seite der Medaille, geht es der Positiven Psychologie, um die sich Seligman in der Folgezeit verdient machte.

Wie manche Kritiker der Positiven Psychologie mögen Sie sich fragen, ob die Ausrichtung auf das gute Leben nicht etwas naiv, überoptimistisch oder einseitig ist, oder es mögen sich gar Erinnerungen an den Modetrend des Positiven Denkens regen. Würde die Positive Psychologie propagieren, sich *ausschließlich* mit den positiven Seiten des Lebens zu beschäftigen, würde ich einer solchen Einschätzung zustimmen. Positive Psychologie ist jedoch etwas grundlegend anderes als Positives Denken, bei dem wir versuchen, alles Erlebte rosarot anzumalen oder schönzudenken. Und wenn wir es nur richtig machen, so die Erfolgstrainer und Glücksgurus, kommt mit Sicherheit persönlicher Erfolg dabei heraus. Vielen Dank! So funktioniert es sicherlich nicht – leidvolle Erfahrungen werden durch bloßes Schönreden nicht beseitigt. Würde mir jemand in einer schwierigen Lebenssituation mit Schönreden und Positivem Denken ankommen, würde ich ihn sicherlich sonst wo hinschicken. Derartig oberflächliche Westentaschenpsychologie kann zumindest mir getrost gestohlen bleiben.

Das Anliegen der Positiven Psychologie ist jedoch keinesfalls, Anstrengungen und Erfolge der bisher vorherrschenden, vorwiegend problemorientierten Psychologie zu schmälern. Eine Vielzahl psychischer Störungen lassen sich mittlerweile gut behandeln und sicherlich sind Menschen mit solchen Schwierigkeiten heute in besseren Händen als noch vor fünfzig oder sechzig Jahren. Doch die Frage nach Stärken, Fähigkeiten, nach Wachstum und Erfüllung bleibt trotzdem relevant.

Als Ergänzung zu den bisherigen Hauptströmungen der Psychologie hat die Positive Psychologie etwas Wichtiges beizutragen. Die Frage, ob es möglich ist, aus schwierigen Lebenssituationen zu lernen, und die Frage, welche persönlichen Qualitäten es Menschen erlauben, aus solchen Situationen sogar mit mehr Kraft hervorzugehen, beschönigen nichts. Vielmehr ermöglichen sie uns, besser zu verstehen, welche menschlichen Eigenschaften dabei helfen können. So können wir uns auf Schwierigkeiten vorbereiten, Strategien und Vorgangsweisen entwickeln und sogar an Krisen wachsen. Ganz dem Motto folgend, dass Vorbeugen besser ist als Heilen, kann ein klareres Verständnis dieser Zusammenhänge dazu führen, frühzeitig – und hoffentlich rechtzeitig – die menschlichen Qualitäten zu stärken, die diese Widerstandskraft und Resilienz in uns wecken. Die weitere gute Botschaft ist, dass die Eigenschaften mit dem größten Resilienzpotenzial sich an sich gut anfühlen und auch dann, wenn wir nicht in Schwierigkeiten stecken, von Bedeutung sind. Ein gutes, wissenschaftlich abgesichertes Verständnis von echtem Wohlergehen hilft uns also in beiden Fällen: wenn es uns schon recht gut geht ebenso wie in schwierigen Situationen.

Was ist Flourishing?

Ganz im Einklang mit diesen Überlegungen zeigen wissenschaftliche Erkenntnisse immer deutlicher, dass wir mit dem üblichen Positiv-Negativ-Bild danebenliegen. Ein »Gesundheits«-System, dass sich ausschließlich mit Krankheit beschäftigt, vergisst die Gesundheit! Der amerikanische Sozialpsychologe Corey Keyes legte eine Reihe von Studien vor, die belegen, dass geistige Gesundheit nicht mit der Abwesenheit von geistigen Störungen gleichzusetzen ist. Vielmehr handelt es sich um zwei Aspekte oder »Achsen«, wie Wissenschaftler sagen würden, die zum Teil unabhängig voneinander Einfluss auf unser ganzheitliches, globales Wohlergehen haben.
Die meist unbeachtete Achse, die das Ausmaß geistiger Gesundheit absteckt, erstrecke sich, so Keyes, von psychologischem Stillstand oder »Dahinwelken« (*Languishing*) bis zur vollen Entfaltung geistiger Eigenschaften, dem »Erblühen« (*Flourishing*). In Abbildung 2 auf der folgenden Seite habe ich die Ergebnisse einer US-amerikanischen Studie beispielhaft zu-

sammengefasst. Sie verdeutlicht, dass nur etwa siebzehn Prozent der Bevölkerung dort eine hohe Ausprägung psychischer Gesundheit erfahren, bei der die Abwesenheit psychischer Störungen und das *Flourishing* zusammenkommen. Obwohl fast achtzig Prozent der Bevölkerung frei von psychischen Störungen sind, erleben sie kaum (einundfünfzig Prozent) oder gar keine (zehn Prozent *Languishing*) positiven geistigen Eigenschaften.

Wie die Studie zudem zeigt, hat dies weitreichende Auswirkungen. In allen Personengruppen mit reduzierter geistiger Gesundheit, die also nicht in einem Zustand des *Flourishing* waren, gab es mehr Fehltage bei der Arbeit, mehr gesundheit-

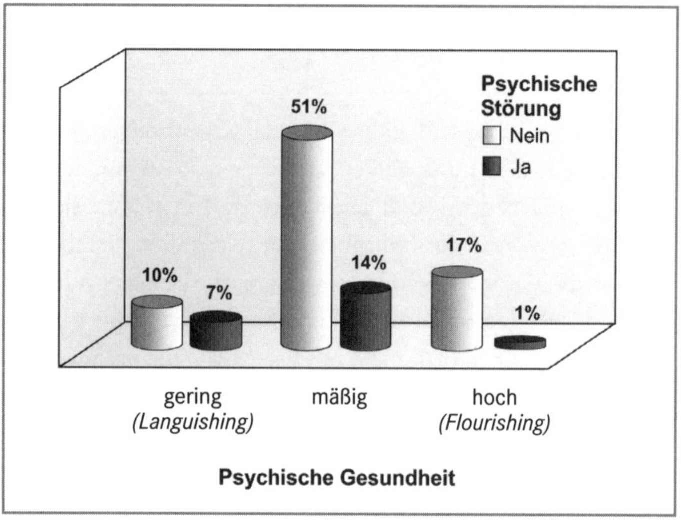

***Abbildung 2:** Schematische Darstellung der Daten einer Studie von Corey Keyes, 2005. Das Diagramm zeigt die relative Anzahl an Personen in Abhängigkeit von ihrer psychischen Gesundheit von »Languishing« bis »Flourishing«, das Ganze wurde weiter unterteilt nach Vorhandensein einer psychischen Störung. Nur siebzehn Prozent dieser Stichprobe wurden als frei von psychischen Störungen bei gleichzeitigem Flourishing eingestuft.*

liche Einschränkungen und mehr psychosoziale Störungen. Wenn *Languishing* und psychische Störungen zusammenkamen, war der daraus resultierende Nachteil am größten.
In einer weiteren Studie zeigte sich eine direkte Beziehung zu Herz-Kreislauf-Erkrankungen. Bei Personen, die an Depression litten und geringe psychische Gesundheit aufwiesen, war das Risiko, an einer Herz-Kreislauf-Störung zu erkranken, am größten, während es in der Personengruppe, die mäßige geistige Gesundheit aufwies, deutlich geringer war. Das Risiko war bei geistig völlig gesunden (*Flourishing* und keine depressive Episode) nochmals deutlich niedriger.
Diese Studien zeigen, dass *Flourishing* auch aus gesundheitspolitischer Sicht ernst zu nehmen ist. Ob wir geistig wirklich erblühen, hat Einfluss auf unser körperliches und geistiges Wohlergehen. Dass nur siebzehn Prozent der Bevölkerung als »erblühend« eingestuft wurden, deutet zudem auf die bestehenden riesigen Entwicklungsmöglichkeiten hin. Und ich darf an dieser Stelle schon verraten, dass es in unseren Breiten nicht viel anders aussieht als in den USA (Weiteres dazu siehe Seite 51). Seit Studien wie diesen hat der Begriff *Flourishing* seine Runde gemacht und ist zum neuen Trendthema der Positiven Psychologie geworden.

Merkmale des Flourishing

Was sind nun die Merkmale, nach denen eingestuft wird, ob wir als psychisch gesund – also im *Flourishing* – gelten? In den gerade beschriebenen Studien wurde geistige Gesundheit in drei Bereiche eingeteilt: positive Gefühle, positives psychologisches Funktionieren und positives soziales Funktionieren, auch als emotionales, psychologisches und soziales Wohlbefinden bezeichnet. Insgesamt listet Keyes dreizehn verschiedene Aspekte auf. Nach seiner Einstufung haben wir ein blühendes Leben, wenn sieben dieser dreizehn Merkmale erfüllt sind. Unter positiven Gefühlen nennt Keyes, dass man regelmäßig gut gelaunt ist, Interesse am Leben hat, froh, gelassen und friedfertig ist und allgemein eine hohe Zufriedenheit in den wichtigen Lebensbereichen erfährt.

Ein positives Selbstwertgefühl zu haben, an persönlichem Wachstum interessiert zu sein und Herausforderungen zu suchen, wird als Anzeichen psychologischen Wohlergehens verstanden. Zudem zählt dazu, ein Gefühl von Sinn und Bedeutung im eigenen Leben zu haben, in der Lage zu sein, mit seiner Umgebung in nützlicher Weise umzugehen, von eigenen inneren Werten geleitet zu sein und warmherzige, vertrauensvolle Beziehungen zu Mitmenschen zu haben.

Im Bereich des sozialen Wohlergehens redet Keyes von einer positiven Einstellung zu menschlicher Vielfalt und Unterschieden zwischen Menschen, davon, dass man Vertrauen in positives Wachstum und die Entwicklung von Menschen und Gruppen haben kann. Weiterhin gehören das Gefühl, einen nützlichen, anerkannten Beitrag zur Gesellschaft zu leisten, das Interesse am sozialen Leben und das Gefühl der Zugehörigkeit zu einer Gemeinschaft zum sozialen Wohlbefinden.

In ähnlicher Weise, wie im psychiatrischen Alltag ein beispielsweise depressiver Patient anhand einer Reihe von Symptomen diagnostiziert wird, kann die von Keyes aufgestellte Liste der positiven Symptome verwendet werden, um unser Ausmaß an *Flourishing* zu »diagnostizieren«. Wollen Sie wissen, wo Sie stehen, dann versuchen Sie doch die Übung »*Flourishing*-Eigendiagnose« und zählen Sie nach, wie viele Kriterien Sie erfüllen.

Übung: *Flourishing*-Eigendiagnose

Versuchen Sie, für jede aufgelistete Beschreibung einzuschätzen, ob sie im Allgemeinen auf Sie zutrifft (ja) oder nicht (nein).

	Nein	Ja
Emotionales Wohlergehen		
Sind Sie regelmäßig guter Laune, froh, gelassen, friedfertig?		
Haben Sie eine hohe Lebenszufriedenheit in den wichtigen Lebensbereichen?		
Psychologisches Wohlergehen		
Haben Sie ein positives Selbstwertgefühl?		
Haben Sie Interesse an Wachstum, suchen Sie Herausforderungen und Aufgaben?		
Erfahren Sie Sinn und Bedeutung im eigenen Leben?		
Erleben Sie einen nützlichen Umgang mit der eigenen Umgebung?		
Sind Sie geleitet von eigenen, inneren Werten?		
Haben Sie warme, vertrauensvolle Beziehungen?		
Soziales Wohlergehen		
Können Sie die Unterschiede zwischen Menschen wertschätzen?		
Haben Sie Vertrauen in das Potenzial von Personen und Gruppen, sich zu entwickeln?		
Leisten Sie einen nützlichen, anerkannten Beitrag zur Gesellschaft?		
Haben Sie Interesse am sozialen Leben?		
Fühlen Sie sich zur Gesellschaft oder einer Gemeinschaft zugehörig?		

Auswertung:
Flourishing: Ihr Leben erblüht (nach Keyes), wenn Sie mindestens eines der zwei Merkmale zum emotionalen Wohlergehen und mindestens sechs der elf Merkmale des psychologischen und sozialen Wohlergehens mit »Ja« beantwortet haben.
Languishing: Wenn Sie mindestens eins der zwei Merkmale zum emotionalen Wohlergehen und mindestens sechs der elf Merkmale des psychologischen und sozialen Wohlergehens mit »Nein« beantwortet haben, dann würde Ihr Leben als stagnierend gelten.
Moderates Wohlergehen: So würden Sie eingestuft, wenn keins der obigen Kriterien zuträfe, wenn Sie dazwischen liegen.

Egal wie diese Übung für Sie ausgegangen ist, ich möchte betonen, dass es sich nicht um eine wirkliche Diagnose handelt. Die Ergebnisse sind aus mehreren Gründen mit Vorsicht zu genießen. Es handelt sich nur um eine stark verkürzte und vereinfachte Version der Befragung, die in dieser Form weder auf inhaltliche Validität noch auf statistische Robustheit untersucht wurde und nur die Hauptkriterien auflistet. In tatsächlichen Studien würde jedes Kriterium anhand mehrerer inhaltlich und statistisch abgesicherter Fragen erfasst. Der Zweck der Übung war daher weniger eine genaue Diagnose, ich wollte Ihnen ein Gefühl davon geben, welche Merkmale in der *Flourishing*-Forschung eine Rolle spielen.
Wichtiger als eine genaue Einstufung unseres Wohlbefindens ist ohnehin das Verständnis, dass es sich beeinflussen und verändern lässt, dass es einen Weg ins *Flourishing* gibt, den wir uns in diesem Buch genauer anschauen wollen. Keyes' Liste zeigt uns, wie breit gefächert dieses Wohlbefinden ist und welche Punkte aus psychologisch-wissenschaftlicher Sicht dabei eine Rolle spielen können.

Erwacht, gereinigt und erblüht

Während die Erkenntnis, dass vollständige menschliche Entfaltung aus einem Zusammenspiel von *Flourishing* und der Abwesenheit von geistigen Störungen in der Psychologie eine recht neue und Aufsehen erregende Einsicht ist, liegt dieses Verständnis im Kern der Lehre Buddhas. Die historische Person Siddhartha Gautama, die vor etwa zweitausendfünfhundert Jahren in Indien lebend den Zustand der Vervollkommnung aller geistigen Fähigkeiten erlangt hat, wird heute als *Buddha* bezeichnet. Dieser Titel bedeutet »der Erwachte« und soll ausdrücken, dass dieser Siddhartha aus dem Schlaf der Unwissenheit, dem Zustand, in dem wir nicht verstehen, was die Ursachen für Glück und was die Ursachen für Unglück sind, aufgewacht ist. *Buddha* bezeichnet also eigentlich nicht einen Religionsstifter (und Siddhartha hat sich auch niemals als ein solcher verstanden), sondern vielmehr einen besonderen Zustand der Einsicht, eines tiefgründigen Verständnisses des menschlichen Seins. Ebenso war sein Anliegen ja auch nicht, viele Jünger um sich zu scharen oder gar die ganze Welt mit einer »Heilslehre« zu erobern. Sein Wunsch war, seine Einsicht mit Interessierten zu teilen, damit sie ein ebenso erfülltes Leben wie er selbst führen können. Wie Lama Ole Nydahl es manchmal ausdrückt: »Buddha wollte Kollegen!«
Besonders lehrreich ist hier, in welcher Weise die Tibeter dieses Wissen zum Ausdruck bringen. Die übliche Bezeichnung für *Buddha* im Tibetischen ist *Sangye.* Es ist ein Begriff, der aus den zwei bedeutungsschweren Silben *sang* und *gye* (in wissenschaftlicher Umschrift *sangs* und *rgyas*) gebildet wird. Die erste Silbe *sang* bedeutet: »beseitigt, aufgelöst, gereinigt, bereinigt, befreit«, während die zweite Silbe *gye* als »vervollkommnet, entwickelt, entfaltet, erblüht« übersetzt wird. *Sangye* bedeutet demnach so viel wie »beseitigt und entfaltet« – ein

Buddha ist also jemand, der alle Schwierigkeiten beseitigt oder bereinigt und alle positiven Eigenschaften entfaltet hat! Offenbar sind unsere positiven Psychologen hier einer Sache auf der Spur, die für die Tibeter seit der Ankunft buddhistischer Lehren im 8. Jahrhundert unserer Zeitrechnung zum Allgemeinwissen gehörte: Ein beispielhaftes, erfülltes Leben besteht aus zwei Anteilen, nämlich dem Freisein von Störungen (*sang*) und dem *Flourishing*, dem Hervorbringen und Kultivieren positiver Eigenschaften (*gye*).

Auf den Spuren menschlicher Qualitäten

Als ich gegen Ende der 1980er-Jahre meine erste Bekanntschaft mit buddhistischen Vorstellungen machte, war es mir sehr wichtig zu erforschen, ob die so überzeugend klingenden positiven menschlichen Eigenschaften, von denen der Buddhismus spricht, auch von praktischer Bedeutung sind. Gemeinsam mit meiner damaligen Partnerin entschloss ich mich daher, die Wurzeln des tibetischen Buddhismus genauer zu untersuchen. Aufgrund der Besetzung Tibets durch die Chinesen und der damit verbundenen Schwierigkeiten, sich im Land frei zu bewegen, wählten wir jedoch Ladakh als Ziel unserer Entdeckungsreise. Ladakh ist eine Himalajaregion, die zwar zum tibetischen Kulturkreis gehört, aber politisch ein Teil Indiens ist, und damit nicht unter chinesischer Besatzung steht. Damals war diese Region touristisch noch wenig erschlossen, und wir hatten das Glück, dort etwa zwei Monate lang reisen und so die ladakhisch-tibetische Lebensart in uns aufsaugen zu können. Neben der überwältigenden, kargen Schönheit der Natur war es insbesondere die offene Fröhlichkeit der Ladakhis, die uns begeisterte. Wo immer wir hinkamen, wurden wir voller Gastfreundschaft und Warmherzigkeit von leuchtenden Augen und dem allgegenwärtigen Willkommensausruf »Julley!« begrüßt.

Die gelassene Friedfertigkeit dieser buddhistischen Enklave wurde nur von dem vergleichsweise aggressiven Geschäftsgebaren der muslimischen Händler aus Kaschmir, die vom anschwellenden Touristenstrom zu profitieren versuchten, beeinträchtigt. Sobald wir jedoch die Straßen der Hauptstadt Leh, in denen sich kaschmirische Händler mehr und mehr ausbreiteten, hinter uns ließen, war von dieser Kälte nichts mehr zu spüren.

Selbst in dem nahe gelegenen tibetischen Flüchtlingslager Choglamsar war die Atmosphäre deutlich besser als in allen anderen Regionen Kaschmirs, die wir auf unserer Reise erlebt hatten. Unter ärmsten Verhältnissen versuchten tibetische Mönche mit erster westlicher Hilfe, eine Schule für die Flüchtlingskinder aufzubauen – und rundum war die angenehme, menschliche Wärme der Tibeter zu spüren.

Unsere Erforschung der kulturellen Wurzeln des Tibetischen Buddhismus wurde in keiner Weise enttäuscht. In fast magischer Weise fühlten wir uns nicht nur von der fröhlichen Menschlichkeit, sondern ebenso von den kulturellen Schätzen der buddhistischen Klöster gefangen genommen, die in sich eine äußerst reiche Geschichte bergen. So geht der Klosterkomplex Alchi auf den großen Übersetzer Rinchen Zangpo zurück, der um 1000 unserer Zeit lebend maßgeblich an der Übertragung des Buddhismus aus dem damals noch buddhistischen Kaschmir in die westlichen Himalajaregionen beteiligt war. Wann immer wir den verschiedenen Buddhas in Form von Wandmalereien, Statuen oder Rollbildern in die Augen sahen, stellte sich das Gefühl einer alten Bekanntschaft, des Nach-Hause-Kommens ein, ähnlich dem Gefühl, einen alten Freund wiederzutreffen oder nach vielen Jahren das liebevoll vertraute Wohnzimmer des Elternhauses zu betreten.

Zurück in der Heimat wurden die Erfahrungen der freundlichen Wärme der Ladakhis sowie der reichen tibetisch-buddhistischen Kultur zu einem zusätzlichen Antrieb in der Erforschung der Botschaften Buddhas. Schnell bestätigte sich die Menschlichkeit, die wir dort in mehreren Tausend Metern Höhe kennengelernt hatten, als ein Markenzeichen des Tibetischen Buddhismus – und wohl des Buddhismus allgemein. Die verschiedenen Gruppen des tibetischen Diamantweg-Buddhismus, die ich aufspürte, teilten alle diese freundschaftliche Wärme, das Vertrauen und eine tiefe Verbundenheit. Und besonders überzeugend war eine Beobachtung, die sich regelmäßig wiederholte: Je länger jemand schon meditiert hatte, umso deutlicher war das Gefühl von Herzlichkeit und Vertrauen spürbar. Die Redensart, dass der einzige Unterschied zwischen uns und Buddha der sei, dass er schon mehr meditiert habe, schien sich zu bewahrheiten und bestätigte mir, dass ich mit meinen Untersuchungen auf dem richtigen Weg war. Wie wir später sehen werden, beginnen Wissenschaftler neuerdings, derartige Beobachtungen mit empirischen Daten zu unterfüttern und praktisch nützliche Hilfestellungen daraus abzuleiten.

Welches Glück hätten Sie gern?

Damit sind wir jetzt auch von unserem Ausflug in den Himalaja zurück bei unserem eigentlichen Thema. Ähnlich wie Keyes gezeigt hat, dass nur ein geringer Anteil der Bevölkerung ein wirklich erfülltes Leben hat, so machte Buddha darauf aufmerksam, dass wir gemeinhin weniger Glück erfahren, als wir gern würden. Er beschrieb das Leben als *duhkha*, was in etwa »unbefriedigend« oder »nicht zufriedenstellend« bedeutet. Häufig befinden wir uns in einem Zustand des Wollens, in dem der Soll-Zustand, wie wir uns die Welt erhoffen, und der Ist-Zustand, wie die Welt sich uns zeigt, nicht übereinstimmen. Und das wird als Frustration erlebt.

Vermutlich erinnern Sie sich auch an Erfahrungen, in denen Sie sich ganz sicher waren, dass ganz genau eine Sache zum wirklichen Glück fehlt: der richtige Lebensgefährte, das richtige Auto, der richtige Beruf, das richtige Haus am richtigen Ort und so weiter. Vielleicht gehören Sie auch zu den Menschen, die in diesen Erwartungen schon einmal enttäuscht wurden. Nach kurzzeitiger romantischer Verliebtheit stellt sich heraus, dass der neue Partner doch nicht ganz unserem Traum entspricht und Woche für Woche, Monat für Monat oder gar Jahr für Jahr zeigt er mehr und mehr von seinem »wahren Gesicht«. Da laut statistischem Bundesamt in Deutschland Jahr für Jahr fast zweihunderttausend Ehen geschieden werden, liegt die Vermutung nahe, dass derartige Ernüchterungserfahrungen recht verbreitet sind. Oder vielleicht kennen Sie das besondere, kribbelnde Gefühl, ein neues Spielzeug zu besitzen. Ob es das neue Kinderfahrrad ist, die Playstation, der neue Laptop, das neue Auto oder was immer uns begeistern mag, in meiner eigenen Erfahrung hat bisher alles früher oder später seine Faszination verloren und fand sich irgendwann auf dem Dachboden, in einer eBay-Anzeige oder gar auf der Müllhalde (oder hoffentlich in einer Recycling-Anlage) wieder.

Bevor wir uns Glück und seine verschiedenen Spielarten genauer anschauen, könnte es eine gute Idee sein, kurz innezuhalten und – frei von allem Theoretisieren – zu überlegen, was Glück für uns bedeutet.

Übung: Was ist Glück?

Bitte lesen Sie diese Übungsanleitung und legen Sie das Buch dann kurz zur Seite. Nehmen Sie sich einen Moment Zeit, um zu überlegen, was Glück für Sie bedeutet.

Erinnern Sie sich an Momente, in denen Sie sich besonders gut gefühlt haben?

Welche Erwartungen haben Sie an die Zukunft? Haben Sie bestimmte Pläne, auf deren Erfüllung Sie sich freuen?
Wie stellen Sie sich ein wirklich glückliches Leben vor? Was fehlt Ihnen hier und jetzt, an dem Glück, das Sie gern hätten?
Können Sie Ihre Vorstellung von Glück in wenigen Worten beschreiben? Wie würde diese Beschreibung aussehen?
Kennen Sie Menschen, die glücklicher sind als Sie selbst? Und wenn ja, wo liegt der Unterschied? Warum sind diese Menschen glücklicher?
Wenn Sie wollen, machen Sie sich ein paar Notizen, oder Sie prägen sich Ihre Gedanken zum Glück ein. Wir kommen später darauf zurück.

Glück wissenschaftlich zu beschreiben, ist nicht unbedingt eine einfache Angelegenheit – unter anderem deshalb, weil eine Definition es möglich machen muss, Glück mit wissenschaftlichen Mitteln zu messen. Doch wie lässt sich messen, wie glücklich jemand ist? Gibt es ein objektives Maß, das sich anlegen ließe? Sie werden vermutlich auch das Gefühl haben, dass das kein einfaches Unterfangen wäre. Jemand mag von außen betrachtet heiter und lebensfroh erscheinen, sich jedoch hinter verschlossener Wohnungstür die Haare raufen oder vor Einsamkeit verzweifeln. Jemand anderes mag kaum positive Gefühlszustände ausdrücken, aber mit einer tiefen inneren Lebenszufriedenheit in der eigenen Mitte ruhen.
Trotz solcher offensichtlichen Schwierigkeiten haben sich verschiedene Zugangs- und Verständnisweisen herausgebildet, die ihre philosophischen Vorläufer schon bei den alten Griechen haben. In dem am weitesten verbreiteten Ansatz wird Glück mit dem Vorhandensein von angenehmen Erfahrungen gleichgesetzt. In Anlehnung an Philosophen des alten Griechenlands wird dieses Verständnis von Glück häufig als Hedonismus, Lustprinzip oder hedonistisches Glück bezeichnet. Aristippos

von Kyrene vertrat die Anschauung, dass momentane physische Freuden und andere angenehme Erfahrungen das einzig Gute seien, nach dem man streben solle, egal was die jeweiligen Quellen und Ursachen seien. Genuss und Vergnügen zu maximieren und Schmerz und Leid minimieren wird damit zum vorrangigen oder einzigen Lebensziel.
Andere Philosophen waren keine Freunde dieser Auffassung und konnten einer derartigen Versklavung durch Sinnesfreuden wenig abgewinnen. Insbesondere Aristoteles meinte, dass uns ein in dieser Weise hedonistisch ausgerichtetes Leben ununterscheidbar von Tieren machen würde. Stattdessen prägte er die Idee der Eudämonie, einem von menschlichen Werten oder Tugenden durchdrungenem Handeln, als oberstem Lebensprinzip.

Hedonistisches Glück

Daniel Kahneman, Psychologe und Nobelpreisträger für Ökonomie, prägte den Begriff »hedonistische Psychologie« für das Forschungsfeld, das einen sogenannten *Bottom-up*-Zugang zur Erforschung von Wohlbefinden und Glück verwendet. Die bestehenden Verhältnisse werden dabei genau unter die Lupe genommen, um allgemeingültige Zusammenhänge daraus abzuleiten. Diese sollen die grundlegenden Bedingungen beschreiben, die unsere Erfahrungen und unser Leben angenehm oder unangenehm machen. Das Augenmerk liegt dabei entweder auf bestimmten Tätigkeits- oder Erlebnisbereichen oder auf kurzzeitigen Erfahrungen, kann aber auch längere Zeiträume (Tage, Wochen, Monate) umfassen oder sogar eine allgemeine Einschätzung der eigenen Lebenssituation einbeziehen. Ein Hauptmerkmal dieses Zuganges ist, dass Glück hier als eine subjektive Erfahrung verstanden wird, die im Wesentlichen erfasst wird, indem Versuchspersonen zum Ausmaß an positiven sowie negativen Gefühlen und Erfahrungen befragt werden. Dieser lange Zeit vorherrschende psychologische Zugang zum Verständnis von Glück und Wohlbefinden hat in den letzten dreißig Jahren eine Reihe interessanter Ergebnisse hervorgebracht. Wurden beispielsweise Personen gebeten, ihre Vorstellung von der bestmöglichen Zukunft zu beschreiben, dann spielten Einkommen und Gesundheit die größte Rolle. Untersuchte man jedoch das tatsächliche Erleben, sah die Situation ganz anders aus. In umfassenden Studien zeigte sich, dass Einkommen hauptsächlich im Vergleich zwischen Nationen eine Rolle spielt. Im Durchschnitt sind Bürger reicherer Nationen glücklicher als Bürger ärmerer Nationen. Innerhalb einer Nation gilt diese Regel jedoch kaum, und ein höheres Einkommen steigert das persönliche Glück nur unwesentlich.

In ähnlicher Weise ist der Zusammenhang zwischen körperlicher Gesundheit und Glück weniger stark ausgeprägt, als man erwarten würde. Gesunde Personen überschätzen regelmäßig, wie sehr eine ernsthafte Krankheit ihr Wohlbefinden beeinträchtigen würde. In einer Studie mit Dialysepatienten war die Selbsteinschätzung der eigenen Gesundheit bei diesen Patienten zwar angemessen geringer als bei einer gesunden Kontrollgruppe, die beiden Gruppen unterschieden sich aber in dem Ausmaß an erlebtem Glück kaum. Scheinbar kann man sich besser an veränderte Lebenssituationen anpassen, als man erwarten würde. Als Erklärung für dieses Phänomen wird die *Setpoint*-Theorie ins Feld geführt. Sie geht von einer individuellen Grundstimmung an Glück aus, einem Setpoint, zu dem wir selbst nach besonders intensiven Ereignissen, seien sie positiv oder negativ, früher oder später zurückkehren. Dieser Setpoint sei zudem teilweise genetisch bedingt. Demnach seien fünfzig oder mehr Prozent unseres erlebten Glücks von unserem Erbmaterial abhängig.

Die hedonistische Tradition sieht Glück also im Wesentlichen als angenehme Erfahrungen und Zustände, ohne Einschränkung bezüglich der Ursachen oder des Hintergrundes. Subjektive Beurteilungen der eigenen Erfahrungen erfolgen anhand von Gegensatzpaaren wie angenehm/unangenehm, froh/traurig, gut/schlecht oder zufrieden/unzufrieden.

Eudämonisches Glück

Ein zweiter Ansatz zielt demgegenüber weniger auf derartige Beurteilungen selbst ab, sondern eher auf Lebenseinstellungen oder Werte, die angestrebt werden, selbst wenn dies kurzzeitig nicht immer mit den angenehmsten Erfahrungen verbunden ist. In diesem Zusammenhang wurde der Begriff des eudämonischen Glücks geprägt. Er findet in der Psychologie erst seit recht kurzer Zeit größere Beachtung, besonders seitdem eine gewisse Einseitigkeit des hedonistischen Ansatzes deutlicher wurde. Bezugnehmend auf die Eudämonie, wie Aristoteles sie erdachte, steht hier ein Leben und Handeln im Einklang mit dem eigenen wahren Selbst, ein Streben nach Vervollkommnung und Erfüllung des eigenen Potenzials im Vordergrund. Während hedonistisches Glück sehr breit gefächert ist und auf persönliches, individuelles Wohlbefinden – egal aus welcher Quelle – ausgerichtet ist, zielt eudämonisches Glück viel konkreter auf Lebenssinn und Erfüllung ab. Natürlich würde man erwarten, dass das Gefühl, ein wirklich sinnerfülltes Leben zu führen, auch mit Wohlbefinden, also hedonistischen Anteilen, verbunden ist. Die jeweils zugrunde liegenden Sichtweisen sind jedoch recht unterschiedlich. Hedonistisch definiertes Glück ist an sich werteneutral und sieht den Menschen dementsprechend in ähnlicher Weise als neutral – während das eudämonische Verständnis von Glück sich deutlich auf einen positiven menschlichen Kern bezieht, der in Begriffen wie »wahres

Selbst« oder »menschliches Potenzial« seinen Ausdruck findet. Da dieser Zugang erst seit wenigen Jahren wissenschaftlich verfolgt wird, sind die Erkenntnisse bisher noch nicht so umfassend wie in der hedonistischen Tradition. Es scheint jedoch bemerkenswert, dass erste Studien darauf hinweisen, dass ein eudämonisch ausgerichtetes Leben mit größerer und länger anhaltender Lebenszufriedenheit einhergeht als ein auf hedonistische Freuden und Vergnügen ausgerichtetes. Zudem scheint eine eudämonische Ausrichtung uns auch besser auf Herausforderungen vorzubereiten, sodass es uns selbst in schwierigen Lebenssituationen relativ gut gehen kann.

Am Scheideweg

Als der junge Herkules eines Tages gedankenverloren umherwanderte, traf er auf eine Weggabelung. Der eine Weg führte über saftig grüne, blumenbedeckte Wiesen in eine sich verdunkelnde Ferne. Der andere Weg führte über Geröll und raues Gestein auf einen warm glühenden Sonnenuntergang zu. Während Herkules darüber nachsann, welchen Weg er wählen solle und welche Konsequenzen seine Wahl haben würde, erblickte er in der Ferne zwei junge Frauen, die auf ihn zu eilten. Die eine war in ein schlichtes weißes Gewand gekleidet und erschien sanftmütig, zart und bescheiden. Die andere war von ihrer eigenen Schönheit deutlich angetan und bewunderte selbst ihr Schattenbild mit großer Genugtuung. Gekleidet in kostbaren Gewändern, die ihre üppige Natur verlockend hervortreten ließen, richtete sie sich an Herkules. Mit betörender Stimme versprach sie ihm ein Leben gefüllt mit jeder Art von Genuss und Reichtum, ohne Krieg, Not und Leiden, wenn er ihrem blumenreichen Weg folgen würde. Die bescheidene Schönheit jedoch erklärte ihm, dass Freundschaft und Ehre sowie die Liebe der Götter und der Mitmenschen nur auf ihrem

Weg zu erreichen sei, der zwar Mühe und Ausdauer erfordere und nicht ohne Schmerzen sei, aber jenseits von kurzlebigen Freuden zu dauerhafter Erfüllung führen würde.

Wie wir aus der griechischen Mythologie wissen, wählte Herkules den Weg der Tugend und wurde – nach einigen Verwirrungen, einer Zeit des Wahnsinns und zwölf heldenhaften Taten – in den Olymp, den Kreis griechischer Götter, aufgenommen.

Die Heldensage des Herkules zeichnet den Unterschied zwischen hedonistischem und eudämonischem Glück in überaus deutlichen Zügen. Doch trifft er in dieser Weise auf unser Leben zu? Müssen wir uns wirklich zwischen kurzlebigen Freuden und einem Leben der Erfüllung entscheiden? Stehen wir am Scheideweg zwischen einem Leben des Genusses und einem mit Bedeutung?

Bevor wir uns dieser Frage im Detail zuwenden, ist es vielleicht nützlich, für einen Augenblick zur letzten Übung zurückzukehren. In dieser Übung habe ich Ihnen vorgeschlagen, dass Sie sich kurz überlegen, was Glück für Sie bedeutet. Erinnern Sie sich, wie Sie die Frage beantwortet haben? Oder haben Sie ein paar Notizen gemacht?

Wie sieht Ihre Antwort im Lichte der gerade gelesenen Seiten aus? Sehen Sie sich eher auf dem blumenreichen Weg des Genusses, in dem kurzlebige Freuden die größte Rolle spielen? Haben Sie den steinigen Weg der Bedeutsamkeit eingeschlagen? Oder können Sie gar nicht so recht sagen, ob es der eine oder andere Weg ist?

Nun, in dem Mythos von Herkules am Scheideweg verbirgt sich im Namen der beiden jungen Frauen ein weiteres, interessantes Detail. Es heißt, die bescheidene Frau würde von ihren Feinden *Tugend* genannt, während die selbstverliebte Frau von ihren Feinden als *Lust* bezeichnet würde –

ihren jeweiligen Freunden sind sie jedoch beide als *Glück* bekannt! Im weitesten Sinne bedeutet ein wirklich glückliches Leben dann möglicherweise ein Zusammenspiel beider Anteile, der Freuden ebenso wie des Strebens nach Erfüllung.
So versteht es jedenfalls der norwegische Psychologe Joar Vittersø, der in einer Reihe von Studien zeigen konnte, dass sich ein Gefühl von Glück und Zufriedenheit wie zu erwarten dann einstellt, wenn wir etwas Angenehmes erleben oder wenn wir unsere Ziele erreichen. Bei eher hedonistisch ausgerichteten Personen zeigt sich dies nur unter einfachen Begebenheiten, die keine Herausforderung darstellen. Bei eudämonischer Ausrichtung werden Gefühle von Erfüllung und Bedeutung auch während Schwierigkeiten und Herausforderungen erlebt. Da die erfolgreiche Bewältigung von Herausforderungen sicherlich Bestandteil eines erfüllten Lebens ist, scheint es, dass der richtigen Balance zwischen eudämonischem und hedonistischem *Streben* sowie zwischen hedonistischem und eudämonischem *Erleben* eine besondere Bedeutung zukommt. Wie wir später sehen werden, scheint es sogar zwei unterschiedliche Gehirnsysteme zu geben, die für Streben und Erleben zuständig sind.

Flourishing

Dieses Verständnis vom Zusammenspiel von hedonistischen und eudämonischen Anteilen ist einer der Grundpfeiler des *Flourishing*. Barbara Fredrickson bringt beide Seiten in ihrer *Broaden-and-Build*-Theorie zusammen. Ihre Forschungsarbeiten zeigen, dass das Erleben guter Gefühle – der eher hedonistische Anteil – nicht nur anzeigt, dass wir uns gut fühlen, sondern auch eine positive Auswirkung auf unsere psychologische Ausrichtung hat und dazu führt, dass eher eudämonische Tendenzen und Fähigkeiten gestärkt werden. Das

Erleben guter Gefühle erweitert demnach unseren Aufmerksamkeitsradius, unsere Wahrnehmung und unsere Handlungsmöglichkeiten. Wenn es uns gut geht, sind wir kreativer, verhalten uns hilfsbereiter und fühlen uns mit anderen Menschen enger verbunden. Dies ist der sogenannte *Broaden*-Effekt ihrer Theorie. Wir werden offener und aufnahmebereiter für unsere Umwelt. Doch dies ist nur der erste Schritt. Weiterhin konnte Fredrickson zeigen, dass innerhalb relativ kurzer Zeit dieser erweiterte Wahrnehmungs- und Handlungsrahmen zum Anwachsen persönlicher und sozialer Ressourcen führt, die einen nachhaltigen Einfluss auf unser Wohlbefinden und unsere Gesundheit haben. Dieser *Build*-Effekt besagt demnach, dass unsere erweiterte Perspektive zu einer langanhaltenden Transformation führt. Nützliche persönliche Ressourcen werden entwickelt und gestärkt, und mehr Wohlbefinden und Glück sind das Ergebnis.
Fragt man sich nun, ob ihre Theorie bedeutet, dass wir negative Gefühle völlig verbannen müssen, ist ihre überraschende Antwort: Nein! Vielmehr, so zeigte sie anhand aufwendiger Berechnungen, ist das Verhältnis von guten und schlechten Gefühlen entscheidend. Ihr berechneter Positivitätsquotient besagt, dass unser Leben erblühen wird, solange wir durchschnittlich dreimal so viele positive wie negative Gefühle erleben. Genau genommen liege dieser kritische Wendepunkt, von dem an unser Leben erblüht, laut Fredrickson bei 2,9 – doch sei eine Faustregel von mindestens dreimal so vielen positiven wie negativen Gefühlen für den Alltag gut genug.

Die Idee vom erfüllten, erblühenden Leben bringt somit hedonistische und eudämonische Ansätze zusammen – *Flourishing* beinhaltet, dass wir uns gut fühlen und dabei auch gut funktionieren, also in uns selbst psychisch gesund sind und uns sinnerfüllt in die Gemeinschaft und das Umfeld einbringen.

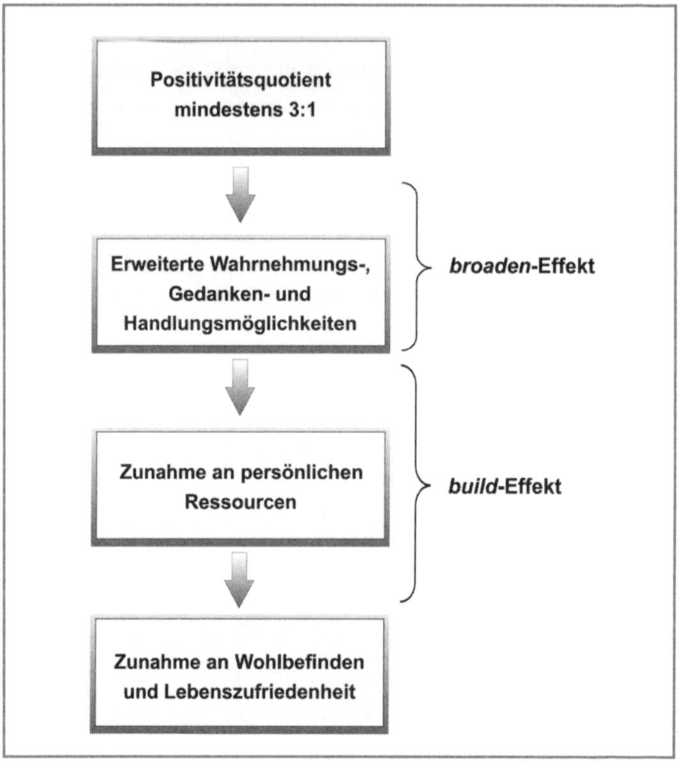

Abbildung 3: *Schematische Darstellung der* Broaden-and-Build-*Theorie: Bei regelmäßig dreimal so vielen positiven wie negativen Gefühlen erweitert sich unser Wahrnehmungs- und Handlungsspielraum. Dadurch wachsen unsere persönlichen Ressourcen an, was zu einer grundlegenden Transformation unseres Lebens und einer Zunahme an Wohlbefinden und Lebenszufriedenheit führt.*

Mit der *Broaden-and-Build*-Theorie wurde zudem ein Modell entwickelt, wie wir *Flourishing* in unser Leben bringen können. Dass dies bitter nötig zu sein scheint, haben wir schon anhand der Daten aus den USA gesehen, wo siebzehn Prozent der Bevölkerung als in einem Zustand des *Flourishing* lebend eingestuft werden. In Europa sieht es nicht viel besser aus. Im Gegenteil: In einer Studie, die dreiundzwanzig europäische Länder umfasste, zeigte sich, dass im Durchschnitt nur etwa zwölf Prozent der Bevölkerung in einem Zustand des *Flourishing* leben. Dabei lagen Nordeuropäer mit zweiundzwanzig bis zu dreiunddreißig Prozent klar an der Spitze, während das Ausmaß an *Flourishing* in Osteuropa mit sechs bis dreizehn Prozent sehr gering war. Die Werte für Deutschland entsprachen ziemlich genau dem Mittelwert von zwölf Prozent. In dieser Studie wurden der Einschätzung sieben Merkmale des *Flourishing* zugrunde gelegt. Positive Gefühle, Interesse und Einsatz, Sinn und Bedeutung, Selbstwert, Optimismus, Resilienz und gute Beziehungen, die mit folgenden Fragen und Aussagen erfasst wurden:

Kerneigenschaften des *Flourishing*	
Positive Gefühle	*Alles in allem: Für wie glücklich halten Sie sich?*
Interesse und Einsatz	*Ich liebe es, neue Dinge zu lernen.*
Sinn und Bedeutung	*Generell habe ich das Gefühl, dass das, was ich in meinem Leben tue, sinnvoll und wertvoll ist.*
Zusätzliche Eigenschaften des *Flourishing*	
Selbstwert	*Im Allgemeinen habe ich positive Gefühle mich selbst betreffend.*
Optimismus	*Ich blicke immer optimistisch in die Zukunft.*
Resilienz	*Wenn in meinem Leben etwas schief geht, brauche ich selten lange, um wieder zur Normalität zurückzukehren.*
Gute Beziehungen	*Es gibt Menschen in meinem Leben, denen ich wirklich wichtig bin.*

Personen, die sich bei den ersten drei Merkmalen (den Kerneigenschaften des *Flourishing*) zumindest leicht positiv eingeschätzt haben und sich zudem bei mindestens drei der zusätzlichen *Flourishing*-Eigenschaften leicht positiv oder mehr einstuften, wurden als im Zustand des *Flourishing* betrachtet.
Sie können gern für sich selbst ausprobieren, wie Sie die obige Frage beantworten und die ihr folgenden sechs Aussagen auf einer Skala von 1 bis 5 beurteilen würden. Dabei liegen bei der ersten Frage die Antwortmöglichkeiten zwischen

- sehr unglücklich (1),
- unglücklich (2),
- weder glücklich noch unglücklich (3),
- glücklich (4) und
- sehr glücklich (5).

Für die verbleibenden sechs Aussagen sind die Antwortmöglichkeiten:

- stimme überhaupt nicht zu (1),
- stimme nicht zu (2),
- weder noch (3),
- stimme zu (4) und
- stimme sehr zu (5).

Wenn Sie also jeweils mit 4 oder 5 geantwortet haben, dann können Sie dieses Merkmal dem *Flourishing* zuschreiben. Gehören Sie zu den zwölf Prozent der Deutschen (oder siebenundzwanzig Prozent der Schweizer, dreiundzwanzig Prozent der Österreicher), die sich gut fühlen und gut funktionieren?

Lassen Sie uns nun noch etwas mehr Ordnung in die Angelegenheit bringen. Wie in Abbildung 4 dargestellt, lässt sich *Flourishing* in drei Hauptbereiche unterteilen. Blüht unser Leben auf, zeigt sich dies in positiven Erfahrungen wie Freude, Glück und allgemeines Wohlbefinden. *Flourishing* steht ganz zentral mit der Entwicklung von positiven Persönlichkeitseigenschaften in Verbindung und drückt sich in aktivem sozialem Engagement aus, das in verschiedenen gesellschaftlichen Einrichtungen aktiv wird. Wie wir im Verlaufe des Buches sehen werden, stehen diese verschiedenen Aspekte des *Flou-*

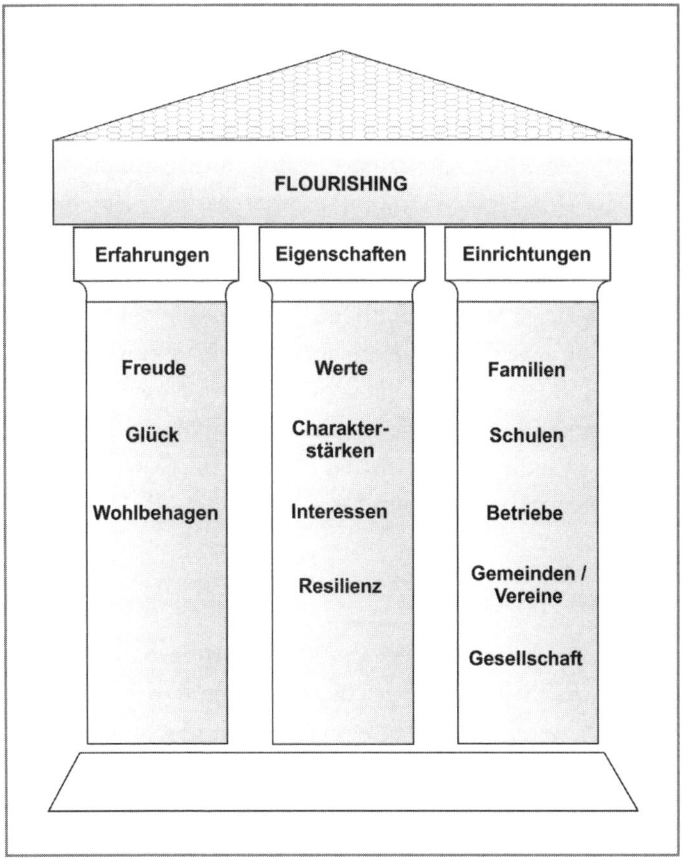

Abbildung 4: *Die drei Hauptbereiche des Flourishing: Erfahrungen, Eigenschaften und Einrichtungen*

rishing in ständiger Wechselwirkung und verstärken sich gegenseitig.

Die Weltgesundheitsorganisation (WHO) hat ähnliche Vorstellungen von *Flourishing* in ihre Definition von positiver geistiger Gesundheit aufgenommen. Sie beschreibt dies als einen »Zustand des Wohlbefindens, in dem ein Individuum die eigenen Fähigkeiten verwirklicht, mit den normalen Belastungen des Lebens umgehen kann, produktiv und erfolgreich arbeiten kann und in der Lage ist, einen Beitrag zu seiner Gemeinschaft zu leisten« (Übersetzung des Autors). Ganz deutlich kommen auch in dieser Definition die drei Stützpfeiler des *Flourishing* zum Ausdruck.

Es gibt gute Gründe, warum Organisationen wie die WHO oder die OECD (Organisation für wirtschaftliche Zusammenarbeit und Entwicklung) sowie Regierungen einzelner Länder beginnen, sich für *Flourishing* zu interessieren und teilweise groß angelegte Studien und Gutachten zum Stand der Dinge in Auftrag geben. Eine Vielzahl an Untersuchungen zeigt mittlerweile, dass positive Gefühle zu positiven Kognitionen und positivem Verhalten sowie erweitertem kognitivem Repertoire führen, was allgemein positiven Einfluss auf Gesundheit und Wohlergehen der Menschen hat.

Buddhistisches Glück

Nachdem wir uns der Idee des *Flourishing* nun in vorrangig wissenschaftlicher Weise genähert haben und diese Gewässer vorsichtig zu untersuchen begannen, lassen Sie uns das Netz noch etwas weiter spannen und in unserer Betrachtung von Glück einen neuen Schritt vorangehen, und zwar wieder im Bereich des Buddhismus.

Dass sich diese Religion oder auch Lebenshaltung in den letzten zwanzig Jahren zunehmend zu einem Modetrend entwickelt hat, brauche ich Ihnen wohl kaum zu erklären. Daher ist es auch nicht überraschend, dass Glücksforscher gern auf Zitate buddhistischer Meister wie den Dalai Lama oder auch Thich Nhat Hanh zurückgreifen. Aber worauf beruht diese Wertschätzung für buddhistisch inspiriertes Glück? Was kann buddhistische Psychologie zum Thema Glück und *Flourishing* beitragen?

Als Erstes werden wir sehen, dass der wissenschaftliche und der buddhistische Ansatz sich dem Thema aus entgegengesetzten Richtungen annähern. Während man im wissenschaftlichen Modell versucht, aus der Perspektive eines neutralen, unbeteiligten Beobachters Glück zu verstehen, dreht sich dies im Buddhismus völlig um. Da Glück etwas sehr Persönliches ist, untersucht man es aus der Erste-Person-Perspektive, anstatt sich auf die Dritte-Person-Perspektive zu verlassen. Die Beobachtung von außen wird ersetzt durch die Beobachtung von innen. Im Vordergrund steht die Frage, was im *eigenen* Geist geschieht. Und genau wie die Ausbildung zum Wissenschaftler vieler Jahre rigorosen Trainings sowie der Verfeinerung des eigenen Verständnisses und der verwendeten Methodik bedarf, so basiert auch buddhistische Selbstbeobachtung auf rigoroser Ausbildung und Verfeinerung der Methodik, in diesem Fall der Meditation.

Die buddhistische Geschichte ist gespickt mit Meditationsmeistern, die dieses Training durchlaufen haben und so zu wirklichen Experten bezüglich der Funktionsweise des Geistes geworden sind. Vom historischen Buddha Siddhartha bis zu Lehrern der Gegenwart bestätigen und bekräftigen diese Meister immer wieder, dass es möglich ist, wirkliches, dauerhaftes Glück und wahrhafte Erfüllung zu finden. Solche Aussagen tragen eine besondere Überzeugungskraft, wenn der Botschafter zur Botschaft selbst wird: Diese Meister reden nicht nur von Glück und tiefer Erfüllung, sie verkörpern und leben sie!

Vermutlich kennen auch Sie Personen, deren Nähe sich einfach gut anfühlt, Personen, die uns durch ihre positive Ausstrahlung, innere Ruhe und Gewissheit und durch ihre Fähigkeit, ihr Umfeld mit ihrer heiteren Gelassenheit anzustecken, tief berühren. Natürlich sind sie nicht alle große Meditationsmeister. Sicherlich finden sich solch beispielhafte Persönlichkeiten in allen humanen, auf menschliche Freiheit ausgerichteten Religionen. Ebenso habe ich Freunde mit einer derartigen Ausstrahlung, die sich aber selbst nicht unbedingt als religiös bezeichnen würden. Es scheint zugleich deutlich zu sein, dass wir innerhalb buddhistischer Traditionen besonders viele dieser guten Beispiele finden. Und nach mehr als zwanzig Jahren neugierig kritischer Beobachtung asiatischer sowie westlicher buddhistischer Lehrer bin ich überzeugt, dass diese menschliche Reife und Wärme in einem klaren Zusammenhang damit steht, wie viel Energie und Herzensblut jemand in die bewusste Arbeit mit dem eigenen Geist investiert hat. Diese Personen zeigen uns mit ihrem eigenen Leben, dass die anziehende Menschlichkeit und Herzlichkeit, die sie ausstrahlen, entwickelt werden kann.

In einer Befragung von knapp zweihundert Buddhisten des Diamantweges in Deutschland haben wir vor Kurzem festgestellt, dass tatsächlich Methode im System steckt. Es zeigte sich in unerwartet deutlicher Weise, dass die Teilnehmer, die in ihrem bisherigen Leben mehr Zeit mit Meditation verbracht haben, glücklicher und zufriedener waren und ihr Wohlbefinden zudem weniger von materiellen Gütern abhing.

Laut buddhistischer Lehren und Lehrer liegt der Zugang zu umfassender Erfüllung und Bedeutung in der Art und Weise, *wie* wir die Welt erleben, und weniger darin, *was* wir erleben. Wie Lama Ole es häufig ausdrückt, ist es der eigene Geist, der die Gymnastik macht, nicht die äußere Welt. Dies würde auch erklären, warum Menschen mit ausgeprägterer Meditationserfahrung weniger an materiellen Gütern hängen, weniger erwarten, Glück von außen zu bekommen.

In erster Annäherung können wir Ähnliches auch ohne Meditation in gewöhnlichen Erlebnissen unseres Alltags beobachten. Müssen wir beispielsweise an einem trüben Montagmorgen zur Arbeit fahren, erscheinen uns alle Straßen gefüllt mit Leuten, die nicht fahren können und ihren Führerschein offensichtlich im Lotto gewonnen haben. Wir kommen schlecht gelaunt bei der Arbeit an, sehen alle möglichen Fehler im Tun unserer Kollegen, und läuft es richtig schlecht, bekommen wir sogar noch eine Abmahnung vom Chef. An einem anderen Tag, vielleicht einem sonnigen Freitag, an dem das Wochenende schon nah ist und der morgendliche Kaffee besonders köstlich war, sind plötzlich all die hervorragenden Autofahrer auf der Straße. Alles flutscht und der Weg zur Arbeit ist ein wahrer Genuss. Womöglich lobt uns unser Chef sogar und stellt eine Beförderung oder Gehaltserhöhung in Aussicht. Wo liegt der Unterschied zwischen einem »guten« und einem »schlechten« Tag? Statistisch betrachtet ist es höchst unwahrscheinlich, dass an dem einen Tag all die Fahrer freigelassen wurden, die eigentlich keinen Führerschein besitzen sollten, während an einem anderen Tag all die höflichen, rücksichtsvollen und umsichtigen Fahrer unterwegs sind. Ist es nicht viel wahrscheinlicher, dass wir sehr ähnliche Situationen in sehr unterschiedlicher Weise erleben, je nachdem wie wir uns gerade fühlen? Unser Geist, nicht die Welt macht die Gymnastik! Und als zusätzlicher Bonus, so zeigt eine Reihe an Studien, sind wir auch noch aufmerksamer, kreativer und produktiver, wenn wir gut gelaunt sind.

Wir sind bei einem der Kernpunkte der Lehre Buddhas angelangt: Der Schlüssel zum Glück liegt in unserer eigenen Hand, oder besser gesagt, in unserem eigenen Geist. Investieren wir dagegen unsere Energie ausschließlich in die äußere Welt, haben wir ein Problem. Eine nette Geschichte verdeutlicht diesen Sachverhalt: In einer dunklen Nacht begibt sich ein junger Mann auf den Heimweg und sieht dabei in der menschenleeren Straße einen anderen, betagten Mann auf allen Vieren unter einer Straßenlaterne umherkriechen. Der junge Mann nähert sich und fragt, was er da tue und ob er helfen könne. Der ältere Mann antwortet: »Ich habe meine Geldbörse verloren.« Hilfsbereit fragt der jüngere Mann, wo genau er sie verloren habe. Die Antwort: »Da hinten an der Treppe!« Der junge Mann erwidert verblüfft: »Und warum suchen Sie dann hier?« »Weil hier mehr Licht ist!«

Dem alten Mann ähnlich, der vergeblich versucht, seine Geldbörse zu finden, suchen wir wirkliche Zufriedenheit, wo sie nicht zu finden ist. Wir suchen Glück dort, wo es einfach zu suchen scheint, aber nicht unbedingt dort, wo es auch zu finden ist.

Lassen Sie uns für einen Moment in die Erste-Person-Perspektive schlüpfen. Versuchen Sie sich zu erinnern oder beobachten Sie von Zeit zu Zeit, was in Ihrem eigenen Geist vor sich geht, womit er sich gern beschäftigt. Wie häufig sind wir mit innerem Geplapper beschäftigt, das sich entweder mit der Vergangenheit oder mit der Zukunft befasst? Wie häufig kleben wir an Gedanken darüber, was zu unserem Glück noch fehlt, warum wir nicht so glücklich sind, wie wir es gern sein würden? Wie häufig kreisen Gedanken um die Frage, wer dafür verantwortlich ist, dass es mit unserem Glück mal wieder nicht geklappt hat? Gern machen wir die Welt, »die anderen«, für unser Unglück verantwortlich und erwarten gleichzeitig, dass sie sich so benehmen, dass unser Glück dabei herauskommt. Spielen sie jedoch nicht mit und kommt alles ganz anders als erwartet, erhofft und geplant, bleibt Enttäuschung nicht aus.

Mir scheint, dass Begriffe wie »Enttäuschung« oder »Ernüchterung« tiefe menschliche Erfahrungsweisheit in sich bergen.

Sie benennen unser Empfinden, wenn wir feststellen müssen, dass sich unsere Erwartungen und Hoffnungen oder unsere Vorstellungen nicht erfüllt haben. Ein dabei mitschwingender negativer emotionaler Grundton ist kaum zu übersehen. Enttäuschung und Ernüchterung sind kein Grund zum Jubeln, nicht wahr? Ist es nicht interessant, dass diese Begriffe genau genommen zum Ausdruck bringen, dass wir mit unseren Erwartungen daneben lagen? Ent-täuschung bedeutet, dass sich Täuschungen oder Missverständnisse, denen wir unterlagen, aufgelöst haben. Und Er-nüchterung drückt aus, dass wir in der einen oder anderen Weise trunken waren und uns die Realität auf den Boden der Tatsachen zurückgebracht hat. Wir sind wieder nüchtern. Sollten wir vielleicht doch jubeln, wenn wir ent-täuscht sind, wenn wir die Dinge so erleben, wie sie wirklich sind? Ich denke schon! Der Wahrheit einen Schritt näher zu sein, ist sicherlich eine begehrenswerte Errungenschaft. Und doch hat Enttäuschung oder Ernüchterung einen eher unangenehmen Beigeschmack. Woher kommt das, und was läuft hier verkehrt?

Um dies zu beantworten, sollten wir schauen, worin die Täuschung und der trunkene Wahn vor der Ernüchterung bestanden. Sie lagen in der Gewohnheit zu erwarten, dass Glück und Erfüllung in der äußeren Welt zu finden sind, in der Hoffnung, dass jemand oder etwas anderes uns glücklich macht. Der negative Beigeschmack, die Frustration kommt daher, dass wir Freude und Glück erwartet, sie sich aber nicht eingestellt haben. Wir fühlen uns um unser Glück betrogen. Normalerweise entdecken wir dabei den Fehler im System nicht. Vielleicht erkennen wir, dass wir uns *in diesem Fall* getäuscht haben und ziehen den Schluss, dass ein bestimmter Mensch doch nicht so nett war, wie wir dachten. Es ist viel schwieriger zu sehen, dass nicht der »weniger als erwartet nette« Mensch das Problem war, sondern unsere Erwartung an ihn. Regelmäßige Meditationspraxis, mit der wir unsere Achtsamkeit für unsere grundlegenden geistigen Muster schulen, hilft uns, diese Prozesse immer klarer zu durchschauen.

Und was nützt uns diese Einsicht? Wollen wir Enttäuschungen zuvorkommen und vermeiden, dann hilft nur eins – der Täuschung erst gar nicht zu unterliegen oder sie zumindest aufzulösen, bevor Täuschung zur Enttäuschung wird. Und hier setzt Buddhas Lehre, der *dharma*, an, eine riesige Apotheke an Mitteln, die uns dabei helfen, Täuschungen und Missverständnisse mehr und mehr zu durchschauen und aufzulösen. Das Sanskritwort *dharma*, welches das Gesamtpaket der buddhistischen Lehren bezeichnet, wird üblicherweise als »wie die Dinge sind« übersetzt.

Der Zweck der buddhistischen Mittel ist also zu erfahren, wie die Dinge sind, Täuschung zu überkommen und so Enttäuschung, Ernüchterung und Frustration zuvorzukommen. Das klappt jedoch nicht, indem man blindlings einem gegebenen Dogma folgt, das vorschreibt oder vorbetet, was richtig ist und was nicht. Vielmehr besteht der *dharma* aus Methoden, die uns dazu bringen, mit eigenen Augen zu sehen, für uns selbst zu erfahren, wie die Dinge sind. So setzen Buddha und seine Lehre auf Selbstverantwortung. Ungewohnt für eine Religion geht er so weit, seine Schüler wiederholt aufzufordern, kritisch zu sein und sogar seine eigenen Aussagen und Ratschläge nur anzunehmen, nachdem sie sie selbst überprüft und für zutreffend und sinnvoll befunden haben. Wie wir sehen werden, ist es letztendlich nicht einmal wichtig, ob wir nützlichen Mitteln zur Verbesserung unseres Lebens das Etikett Buddhismus aufkleben oder nicht. Buddha ist eben kein Religionsstifter, sondern ein Freund, der einfach möchte, dass es uns gut geht.

Die geistige Gewohnheit zu erhoffen, dass uns etwas oder jemand glücklich macht, hat – wie wir gesehen haben – weitreichende Folgen. Machen wir »die anderen« für unser Leben, für Glück und Erfüllung, aber auch für Leid und Unzufriedenheit, verantwortlich, dann machen wir uns letztendlich selbst schwach und machtlos. In unserem Streben nach Glück stellen wir uns vor eine Aufgabe, die nicht zu bewältigen ist: Wäre unser Glück in der äußeren Welt zu finden, dann hätten wir viel zu tun, ja zu viel zu tun, und Frustration und Verzweiflung an dieser unlösbaren Aufgabe, die Welt zu einem Ort zu machen, der uns zuverlässig mit Glück beliefert, wären unvermeidlich.

In dem buddhistischen Klassiker »Eintritt in das Verhalten eines Bodhisattvas« (*Bodhisattvacharyavatara*) vergleicht der indische Meister Shantideva dieses Bemühen mit dem Versuch, die eigenen Fußsohlen vor spitzen Steinen, Dornen und Ähnlichem zu schützen. Niemand käme jemals auf die Idee, die gesamte Welt mit Leder oder mit einem weichen Teppich zu bedecken. Viel einfacher und effektiver ist es, ein Paar Schuhe anzuziehen.

In gleicher Weise ist es viel effektiver, mit dem eigenen Geist zu arbeiten, anstatt die gesamte Welt so zu gestalten, dass Leiden und Schwierigkeiten ausgeschlossen sind und wir Glück und Freude erfahren. Egal wie sehr wir uns anstrengen, Schwierigkeiten, Schmerz und Verlust lassen sich letztendlich nicht vermeiden – sie sind Bestandteil des menschlichen Daseins. Aber ob und wie sehr wir an Schwierigkeiten und Schmerzen *leiden*, das bleibt uns überlassen.

Anstatt unsere ganze Energie darauf zu verwenden, unsere Welt zu puffern und entsprechend unserer Erwartungen zu manipulieren, können wir besser an unseren Erwartungen arbeiten. Diese Einsicht begleitet mich schon lange, prangte doch über der Theke der Stammkneipe meiner frühen Jugend der Leitspruch: *Erwarte nichts, rechne mit allem*!

Selbst wenn wir es schaffen würden, für eine Weile genau die Situation zu arrangieren, die wir wollen, so ist doch deutlich,

dass es nicht so bleiben kann. Jede Situation, ja selbst das einfachste Ding, das wir uns vorstellen können, ist ein Knotenpunkt in einem unendlichen Beziehungsgeflecht – in einem das gesamte Universum und die gesamte Zeit durchziehenden Netzwerk. Ein dicht gewobenes Netz aus Ursachen und Bedingungen liegt selbst hinter der einfachsten Erfahrung. Schon theoretisch betrachtet scheint es unmöglich, dieses gesamte Netzwerk zu kontrollieren. Jede einzelne Ursache und jede einzelne unterstützende Bedingung, die dazu beiträgt, dass wir eine bestimmte Situation erleben, hängt ja wiederum von einer Vielzahl von Ursachen und Bedingungen ab, von denen wiederum jede Einzelne von einer Vielzahl von Bedingungen abhängt. In den letzten Jahren konnte man sehr deutlich beobachten, wie sehr diese gegenseitigen Abhängigkeiten und Verbindungen auch im großen Rahmen unser menschliches Leben beeinflussen. Was zuerst wie ein verrückter Angriff auf ein Statussymbol der USA und der freien Welt – die Twin Towers in New York – aussah, führte zu einem enormen Aufrüsten der Sicherheitsmaßnahmen, zur Einführung neuer Gesetze, zu Kriegen, beeinflusste in vielen Ländern die Art, wie wir leben. Der Zusammenbruch der Investment Bank LehmanBrothers löste eine weltweite Wirtschaftskrise aus, die die Wirtschaftskraft ganzer Nationen in die Knie zwang und den Alltag vieler Menschen, die im Leben nie mit Geldwirtschaft oder Kapitalanlagen zu tun hatten, noch Jahre später nachteilig beeinflusst. Der Ausbruch des Vulkans Eyjafjallajökull auf Island hatte weltweite Folgen. Was zuerst eher wie ein interessantes Naturschauspiel auf einer weit abgelegenen Insel irgendwo zwischen Grönland und Skandinavien aussah, entpuppte sich als ein Ereignis, das den internationalen Luftverkehr und die davon abhängende Wirtschaft in ungeahntem Maße beeinträchtigte.
In diesen Beispielen drückt sich die globale Vernetzung vieler Aspekte unseres Lebens aus. Derartige Abhängigkeiten

bestehen, wie gesagt, jedoch nicht nur in den von uns Menschen geschaffenen Strukturen, sondern sind in jedem Augenblick unseres Lebens vorhanden. Was immer wir erleben ist ein Resultat einer Vielzahl von Ursachen und Bedingungen. Erleben wir dies aus der Perspektive des armen Mannes, der hofft, Herr über die Geschehnisse seines Lebens zu sein, dann ist Frustration nicht zu vermeiden. Doch dem muss nicht so sein. Wir haben die Wahl. Der vietnamesische Meditationsmeister Thich Nhath Hanh beschreibt in »Wie Siddhartha zum Buddha wurde« die Geschichte, wie Buddha in tiefer Meditation unter einer Pappelfeige saß und die Verbundenheit aller Phänomene durchschaute. »Und er erkannte, dass die Gegenwart jeder einzelnen Erscheinung das Dasein aller anderen Erscheinungen möglich machte. Ein Phänomen umfasste alle, und alle waren in einem enthalten. Das Blatt und sein Körper waren eins. (…) Beide konnten sie nicht unabhängig vom Rest des Universums existieren.«

Diese durchdringende, lebensverändernde Erfahrung von tiefem Sinn und von Verbundenheit, die in Siddharthas Geist aufstieg, bringt uns zurück zu unserer Frage nach Glück, Erfüllung und *Flourishing*. Statt wie der arme Mann im Beziehungsgeflecht der Phänomene gefangen zu sein und an fehlender Kontrolle zu verzweifeln, werden wir zum reichen Mann, der sich als Teil dieses faszinierenden Netzwerkes erfährt und mit innerer Gelassenheit den Reichtum des Verbundenseins mit Staunen wertschätzen kann und so Sinn und Bedeutung in den eigenen Handlungen findet.

So nähern wir uns erneut dem eudämonischen Glück an. Wie wir gesehen haben, spielt auch für den Meditierenden die Unterscheidung zwischen hedonistischem Vergnügen und eudämonischem Sinn und wahrem Glück eine wichtige Rolle.

Übung: Unterscheidung zwischen Vergnügen und Glück

Erinnern Sie sich an eine Situation, die Ihnen ein Gefühl von sinnlichem Vergnügen bereitet hat, und versuchen Sie, die volle Intensität dieser Erfahrung nochmals wachzurufen. Denken Sie an die Situation, die Sie mit einem oder mehreren Ihrer Sinne genossen haben. Nun schauen Sie sich den Verlauf des Vergnügens an. Nach anfänglichem Genuss schwächt sich die Empfindung allmählich ab und mag sogar in Gleichgültigkeit oder Überdruss übergehen. Konnte dieses Vergnügen ein Gefühl bleibender Erfüllung oder tief greifender Zufriedenheit in Ihnen auslösen?

Nun erinnern Sie sich an eine tief empfundene innere Freude oder das Gefühl von wahrem Glück. Vielleicht war es eine Situation, als Sie mit Ihrem geliebten Partner einen Sonnenuntergang beobachtet haben, oder das Gefühl, einen nahe stehenden Menschen wirklich glücklich gemacht zu haben.

Nun beobachten Sie erneut, inwieweit das Wachrufen dieser Erinnerung in Ihrem Empfinden noch immer das Gefühl von Erfüllung, tiefem Glück und Zufriedenheit erweckt.

Unterscheiden sich die Empfindungen des Vergnügens und der tiefen Zufriedenheit, wenn Sie heute zurückdenken?

Wenn Sie in dieser Übung in der Lage waren, Empfindungen von Vergnügen und von wahrem Glück wachzurufen, dann haben Sie gerade eine zutiefst wichtige Unterscheidung erlebt. Suchen wir nach wahrem Glück, dann sollten wir uns nicht von kurzlebigem Vergnügen täuschen lassen. Wie Sie gespürt haben, begleitet und erfreut uns das Gefühl der Zufriedenheit und Erfüllung für lange Zeit, während jedes noch so schöne Vergnügen früher oder später abgestanden und schal schmeckt oder wir dem erneuten Erleben des gleichen Vergnügens nachjagen.

Kennen Sie das Phänomen, an den gleichen Urlaubsort zurückzukehren, weil die Erinnerungen so schön sind, nur um

festzustellen, dass es beim zweiten oder dritten Mal einfach nicht mehr das gleiche ist?
Diese Zeilen schreibend erinnere ich mich an ein eindrucksvolles Gleichnis, das ich in einem der Bücher Kalu Rinpoches gelesen habe, einem der großen tibetischen Meditationsmeister des 20. Jahrhunderts. Er war einer der ersten tibetischen Lamas, die im indischen Exil westliche Schüler unterrichteten, und hat durch seine frühen Reisen nach Europa und Nordamerika viel zur Etablierung des Tibetischen Buddhismus in unserem Kulturbereich beigetragen. Kalu Rinpoche war es wichtig, dass seine Schüler eine Empfindsamkeit für die verschiedenen Aspekte des Leidens, denen wir ausgesetzt sind, entwickeln. Er wollte so Mitgefühl und den Willen, sich tatkräftig für das Wohlergehen anderer einzusetzen, tief in seinen Schülern verwurzeln. Dabei scheute er auch nicht vor krassen Bildern zurück, die sich leicht im Geist festsetzen. In einer Passage über Glück und Leid verglich Kalu Rinpoche die gewöhnlichen Vergnügungen und Freuden, denen wir so gern nachjagen, mit Honig auf einer Rasierklinge: Etwas, das im ersten Moment ein köstlich süßer Genuss ist, verwandelt sich sehr schnell in eine unangenehm leidvolle Erfahrung – Autsch!
Dieses Bild verdeutlicht in vorzüglicher Weise das hedonistische Glück, zeigt es doch sowohl die Gefahr als auch die Möglichkeit darin – und verweist damit auf den berühmten Mittleren Weg. Die Lösung ist nicht, von allen Freuden und Genüssen Abschied zu nehmen. Vielmehr geht es darum, geschickt zu lecken! Wissen wir, wie die Dinge sind und dass sich unter dem Honig eine scharfe Klinge verbirgt, so können wir Vorsichtsmaßnahmen ergreifen und in geschickter Weise genießen. Die vom Honig symbolisierten Angebote, die unser Leben versüßen können, brauche ich sicherlich nicht im Detail auszuführen. Aber was hat es mit der Rasierklinge genau auf sich? Kalu Rinpoche verwendete dieses Beispiel, als er darüber

sprach, wie angenehme Erfahrungen, von denen wir erhoffen, dass sie uns Freude und Glück bringen, letztendlich zu Enttäuschung und Leiden führen müssen, da sie abflachen oder sich völlig auflösen, da sie an veränderliche Bedingungen gebunden sind. Sind wir uns der Rasierklinge bewusst und genießen eine angenehme Situation, während sie da ist, ohne uns von ihr abhängig zu machen oder sie festhalten zu wollen, dann wird das so empfundene Glück zu einer Quelle für weiteres Wachstum. Handeln wir jedoch in unbedachter Gier, ist der Moment des süßen Genusses schnell verflogen und wird von leidvollen Erfahrungen abgelöst. Auch der zu Beginn des 14. Jahrhunderts lebende tibetische Meister Ngulchu Thogme Sangpo warnte davor, in Sinnesfreuden aufzugehen: »Sinnesfreuden sind wie Salzwasser; soviel man auch genießt, der Appetit danach wird größer.« Deutlich zeichnete er die Suchtgefahren auf, die im hedonistischen Vergnügen liegen.
All diese Meister sind jedoch weit entfernt davon, Vergnügen oder Freuden an sich zu verpönen. Dies wäre eine ebenso extreme Reaktion, wie völlig in Sinnesfreuden zu schwelgen. Der geschickte Umgang besteht darin zu genießen, was sich ergibt, ohne das eigene Glück davon abhängig zu machen.

Exkurs: Der Mittlere Weg

Auch in der Lebensgeschichte des Siddhartha Gautama nimmt die Balance zwischen Genuss und Entsagung eine zentrale Rolle ein. In sehr symbolträchtiger Weise wird zum Ausdruck gebracht, dass Siddhartha als junger Prinz in den ersten Jahren seines Lebens jede Form von Vergnügen genießen konnte. Dies änderte sich erst, als er im Alter von siebenundzwanzig Jahren eine Erfahrung machte, die sein Leben erschüttern und grundlegend verändern sollte. Er erkannte, dass Krankheit, Alter und Tod unvermeidbar sind und das Leben all seiner Mitmenschen früher oder später beeinträchtigen würden. Entschlossen, eine Lösung für dieses Problem zu finden, ließ er sein angenehmes Leben im Palast hinter sich und machte sich auf die Suche nach einem spirituellen System, das dieses grundlegende Problem überwinden könne. Bei seiner Suche folgte er zuerst einer Philosophie, die den Körper als Problem aller Schwierigkeiten verstand und durch extreme Askese versuchte, derartige Begrenzungen zu überwinden. Als er sich schon zu einem Skelett heruntergefastet hatte, erkannte Siddhartha, dass ein schwacher Körper auch die geistige Klarheit beeinträchtigt und es zudem unmöglich sein würde, so anderen Menschen wirklich zu helfen. In der gleichen Weise, in der er erst allen Vergnügungen entsagte, gab er nun die extreme Askese auf.

In tiefer Meditation unter einer Pappelfeige sitzend, erkannte er die Bedingtheit aller Phänomene und dass nur ein ausgeglichener Geisteszustand, der sich nicht an Erscheinungen festklammert, sie aber auch nicht verneint, wirklich frei ist. So zum Buddha erwacht, machte er diesen Mittleren Weg zum Hauptprinzip seiner Lehre, auf die all seine anderen Ratschläge und Erklärungen aufbauen.

Wahres Glück zu erfahren wird als eine sich entwickelnde Fähigkeit verstanden, die es uns erlaubt, in innerem Gleichmut zu verweilen, in einem Zustand der Ausgeglichenheit, der angenehme Erfahrungen und Vergnügen nicht ablehnt oder negiert, ihnen aber mit der Bewusstheit begegnet, dass etwas an sich Flüchtiges nicht die Ursache für dauerhaftes, wahres Glück sein kann.

Auf tieferer Ebene geht es daher darum, zwischen bedingten Freuden und nicht bedingtem Glück zu unterscheiden. Da alles Glück letztendlich im eigenen Geist erlebt wird, spielt die Meditationspraxis als Methode, durch die der Geist sich zunehmend kennenlernt, eine besondere Rolle. Einem durch Meditation geschulten Geist gelingt es, einen ausgeglichenen Zustand zu bewahren, der sich frei von Erwartungen und Befürchtungen auch an kleinen Dingen erfreuen kann.

Subjektiv – objektiv

Nachdem wir uns mit wissenschaftlich-psychologischen Ideen zu hedonistischem und eudämonischem Glück sowie mit den meditativ-buddhistischen Ansätzen bekannt gemacht haben, möchte ich Sie an dieser Stelle noch zu einem kleinen Abstecher einladen: Lassen Sie mich ein paar, wie ich finde, interessante Überlegungen zu wissenschaftlicher und meditativer Zugangsweise zum Glück mit Ihnen teilen. Ich möchte der Frage nachgehen, warum der meditative, subjektive Zugang zum Glück und zu unserem Erleben so wichtig ist und warum er den üblichen wissenschaftlichen Ansatz ergänzen sollte.
Die Subjektivität unseres Erlebens birgt in sich ein grundlegendes Problem für die Wissenschaft. Die neutrale, unbeteiligte Dritte-Person-Perspektive des Wissenschaftlers hilft uns letztendlich nicht viel weiter, wenn es um Gefühle, Ideen, Vorstellungen, Wünsche et cetera geht. Es sind innere Erfahrungen, über die wir von außen bestenfalls indirekt Rückschlüsse ziehen können. Selbst wenn wir in der Lage wären, die Gehirnaktivität während eines Gedankens oder Gefühls bis ins letzte Detail zu beschreiben, wüssten wir noch immer nicht, wie es sich für den Menschen anfühlt. Wir wären weiterhin auf unsere eigene Erfahrung angewiesen. Die einzige Weise, direkt an dieses Erleben heranzukommen, ist die Erste-Person-Perspektive, die auf der Beobachtung der eigenen geistigen Abläufe und Zustände beruht. Eine derartige Innenschau oder Introspektion stand interessanterweise am Anfang der wissenschaftlich-psychologischen Beschäftigung mit Bewusstsein und Erleben. Wilhelm Wundt – einer der Väter der wissenschaftlichen Psychologie – gründete gegen Ende des 19. Jahrhunderts in

Leipzig das weltweit erste psychologische Laboratorium. Sein Ziel war, mittels »experimenteller Introspektion« Bewusstsein zu untersuchen. Er verwendete kontrollierte, messbare Reize, um unterschiedliche Bewusstseinszustände hervorzurufen. Wundt und seine Kollegen gingen davon aus, dass diese Zustände eine komplexe Struktur aufweisen, die sich durch Introspektion beobachten, analysieren und so in ihre Grundbestandteile zerlegen ließe. Da verschiedene Beobachter jedoch keine Einigkeit bezüglich der ablaufenden Prozesse und Strukturen erlangen konnten, fiel der introspektive Zugang bald in Ungnade und wurde für lange Zeit gänzlich aus der wissenschaftlichen Psychologie verbannt.

Da sich jedoch immer deutlicher herausstellt, dass ohne eine genaue Betrachtung des Erlebens ein zentraler Bestandteil der Psychologie fehlt, ist das wissenschaftliche Interesse daran mittlerweile wiedererwacht. Eine wachsende Zahl an Forschern hegt daher eine waghalsige Idee: Vielleicht ließe sich Meditationspraxis, so die Überlegungen, als ein über Jahrtausende erprobtes und systematisiertes Werkzeug der Erforschung des Erlebens auch für wissenschaftliche Zwecke nutzbringend einsetzen. Das hört sich gut an, doch mag man sich fragen, wie dieser introspektive Zugang genau funktionieren soll. Schauen wir mit dem Geist auf den Geist, dann sind doch offenbar Beobachter und Beobachtetes nicht voneinander zu trennen, Subjekt wird zum Objekt und Objekt wird zum Subjekt. Auf den ersten Blick scheint dieser Widerspruch unüberwindbar, doch insbesondere buddhistische Meditationspraxis zielt genau auf einen Zustand ab, in dem diese problematische Trennung zwischen Subjekt und Objekt aufgehoben ist. Ist es nicht interessant, dass Momente unseres Lebens, in denen wir besondere Bedeutung und Erfüllung erleben, ebenso davon gekennzeichnet sind, dass sich die Subjekt-Objekt-Trennung für kurze Zeit auflöst? Was zunächst nach philosophischer Spitz-

findigkeit schmeckt, zeigt sich als letztendlich, vielleicht lebensverändernd, bedeutsam.
Ich erinnere mich deutlich an die Geschichte eines guten Freundes, dessen Interesse für die versteckten Qualitäten des Geistes erwachte, nachdem er im Jahre 1994 ein unerwartetes und zutiefst erfüllendes Erlebnis hatte: Plötzlich – ohne Drogen oder andere »Hilfsmittel« – veränderte sich seine gesamte Wahrnehmung der Welt und er fühlte sich eins mit allem. Die Intensität dieser Erfahrung hat ihn vollkommen davon überzeugt, dass eine tiefere Erkenntnis möglich sein muss. Letztendlich führte ihn diese Einsicht zu buddhistischen Meditationsmethoden, mit denen solch ganzheitliche Erfahrungen kultiviert werden. Wie Sie sehen werden, werde ich in diesem Buch häufig auf Meditation zurückkommen – ja, ich denke sogar, dass all die psychologischen Wege zum *Flourishing* überhaupt erst durch eine Meditationspraxis zur vollen Blüte kommen können.

Der empirisch-wissenschaftliche Zugang besteht darin, zu beobachten, zu messen und Personen zu ihrem Glück, zu ihrer Lebenszufriedenheit und ihrem Wohlergehen zu befragen. Gehen wir in dieser Weise vor, untersuchen wir jedoch nur, was sich in unserer Gesellschaft und Kultur als Glück und Wohlbefinden manifestiert. Damit bewegen wir uns innerhalb des generellen Status quo der gewöhnlichen Erlebniswelt von Otto Normalverbraucher und Erika Musterfrau. Wir können so herausfinden, warum manche Menschen glücklicher und zufriedener als andere sind und in welcher Weise sich dieses Erleben über die Zeit verändert – also warum wir zu manchen Zeiten glücklicher sind als zu anderen. Dieser Zugang liefert nützliche Informationen, auf die ich immer wieder Bezug nehmen werde. Er ist offensichtlich aber darauf beschränkt, unser gewöhnliches Leben und Erleben, das aus einem persönlichen Gemisch aus Freude und Leid besteht, zu untersuchen. Um ein wenig an dieser Beschränkung zu rütteln, untersuchten amerikanische Forscher »sehr glückliche Menschen«. Es zeigte sich, dass für die längerfristig glücklichsten zehn Prozent einer US-amerikanischen Studentenstichprobe die sonst üblichen Voraussetzungen für Wohlbefinden eine geringere Rolle spielten und nur enge Sozialbeziehungen in direktem Zusammenhang mit ihrem studentischen Glück standen. Nach wie vor wurde Glück aber vorranging in hedonistischem Sinne untersucht. Obwohl es sich um besonders glückliche Studenten handelte, drehte sich alles um die übliche Polarität von angenehm/unangenehm und war so auf das »normale« Spektrum des Wohlbefindens beschränkt.

Selbst bei sehr oberflächlicher Betrachtung können wir jedoch feststellen, dass Menschen beständig nach Freude und Glück streben und viel Energie einsetzen, um zu bekommen, was sie sich wünschen, von den kleinen Freuden des Alltags bis hin zur Erfüllung großer Lebensträume. Gewöhnlich sind wir weniger glücklich, als wir gern sein würden, und wenn wir errungen haben, wonach wir uns sehnten, verblasst die Freude häufig recht schnell. Es scheint, dass unser Glück häufig mehr mit der Erwartung einer Situation, als mit der Situation selbst zu tun hat. Wie wir gesehen haben, blühen zudem durchschnittlich nur etwa zwölf Prozent der Europäer wirklich auf. An diesem Punkt stehen wir Wissenschaftler vor einem echten Problem. Glück ist ein subjektives Phänomen und wir kommen daher nicht umhin, unsere Probanden zu befragen, wie glücklich sie sind oder auch ob sie sich in einem Zustand des *Flourishing* befinden. Wollen wir aber ein umfassendes Verständnis der Ursachen von Glück und *Flourishing* entwickeln, scheint die Befragung von Probanden, die diesen Zustand nicht erreicht haben, unzureichend. Um noch mal das Bild vom alten Mann, der seine Geldbörse unter der Laterne sucht, zu

verwenden, bedeutet dieser Zugang, dass wir ihm unter der Laterne Gesellschaft leisten würden. Wir untersuchen das Glück nicht, wo es ist, sondern dort, wo alle – auch die wenig Glücklichen – suchen.
Leiten wir als Wissenschaftler aus der Datenlage Rückschlüsse über Glück und dessen Ursachen ab, ist nicht zu vermeiden, dass sich der gleiche Fehler einschleicht. Erkenntnisse reichen nur so weit, wie das Verständnis und die Einsicht der befragten Personen reicht. Demnach würde ein Ansatz, der Menschen, die weniger glücklich sind, als sie sein wollen, zu ihrem Glück zu befragen, zu kurz greifen, wenn man Glück und ein erfülltes Leben rundum verstehen will.
Um zudem das Problem der subjektiven Selbsteinschätzungen zu umgehen, verwenden Wissenschaftler den *Bottom-up*-Ansatz, mit dem laut Nobelpreisträger Daniel Kahneman Glück als »objektives hedonistisches Glück« untersucht wird. Hinter diesem Begriff der Objektivierung verbirgt sich jedoch nur eine Methode, bei der man eine ausreichende Menge an subjektiven Berichten ansammelt, die es einem Außenstehenden (der dritten Person) erlaubt, »objektiv« einzuschätzen, wie glücklich jemand ist. Ein nettes Wortspiel, denn auch dieses objektive Glück beruht auf subjektiven Einschätzungen der Befragten, die dann »objektiv« analysiert werden.
Sie mögen sich wundern, was es mit diesen begrifflichen Spitzfindigkeiten auf sich hat. Aber geben Sie mir nur noch einen Moment, um zu zeigen, warum ich auf dem Gegensatzpaar subjektiv/objektiv so sehr herumreite. Es kommt noch besser! Was bedeutet es, dass es sich bei Glück um ein subjektives Phänomen handelt? Erst einmal bedeutet es natürlich, dass es nicht objektiv ist. Wäre es ein an sich objektiver Zustand, würden alle Menschen unter identischen Bedingungen genau das gleiche Glück erleben. Das Leben der Wissenschaftler würde einfach. Könnten wir die äußeren Bedingungen genau genug

bestimmen, wüssten wir, wie glücklich jemand ist. Dem ist jedoch nicht so. Das Glück hängt nicht von einem Objekt oder einer Situation ab, sondern von unserer *Bewertung*. Glück ist subjektiv, weil es vom Subjekt abhängt. Als Subjekt unseres Erlebens entscheiden wir also letztendlich selbst, ob wir uns in einer Situation, in einem Zustand oder während eines Erlebnisses glücklich fühlen oder nicht. Auch eudämonisch ausgedrückt hängt das Ausmaß an Bedeutung und Erfüllung, das wir erleben, von unserer eigenen Einschätzung ab. Für den Wissenschaftler mag das ein schwieriger Tatbestand sein, denn etwas, das sich nicht objektiv messen lässt, ist nicht so leicht zu untersuchen. Für jemanden, der gern Glück und Erfüllung im eigenen Leben erfahren will, ist es jedoch eine befreiende Einsicht und eine der besten Botschaften, die wir bekommen können. Warum? Wenn Glück subjektiv ist und von uns abhängt, können wir unser Leben in die eigenen Hände nehmen und selbst etwas für unser Glück tun. *Flourishing* ist möglich! Wir brauchen nicht darauf zu hoffen oder zu warten, dass genau das Richtige geschieht. Wir als Subjekt können entscheiden, ob und wann wir glücklich sind. Es liegt in unserem Erleben. Anstatt erfolgloser Versuche, die Welt zu manipulieren, können wir mit dem eigenen Geist, mit dem eigenen Erleben, arbeiten. Wir sind hier an einem sehr spannenden Punkt in der Erforschung von Glück und *Flourishing* angekommen. Nicht nur gibt es eine wachsende Menge an Erkenntnissen, die unser gewöhnlich erlebtes Glück – hedonistisches oder eudämonisches – empirisch abstecken, auch werden meditativ-kontemplative Traditionen, die sich über Jahrhunderte, wenn nicht Jahrtausende der gleichen Fragen aus der Erste-Person-Perspektive angenommen haben und einen wahren Schatz an Einsichten und Methoden zur Verfügung stellen, immer zugänglicher. Stringente wissenschaftliche Forschung verbunden mit den erprobten Meditationsmethoden, die den Erfahrungsschatz vieler Generationen erfolgreicher und glücklicher Meditationsmeister in sich tragen, bringen das Beste beider Welten zusammen, um einen begehbaren Weg zum *Flourishing* aufzuzeigen.

Aufblühen oder Welken?

Hedonistisches Glück, das sich im Wesentlichen an Gegensatzpaaren wie angenehm/unangenehm, mögen/nicht-mögen oder schön/unschön orientiert, eudämonisches Glück, das sich auf Sinn und Bedeutung ausrichtet und buddhistisches Glück, das besonders zwischen kurzlebigen, bedingten Freuden und nicht-bedingtem Glück unterscheidet, wie passt all dies zusammen?

Aufblühen

Wollen wir unser Leben zum Erblühen bringen, so sollten wir in geschickter und ausgeglichener Weise all dies zusammenbringen und für uns nutzbar machen. Wir müssen nicht das eine aufgeben, um das andere zu erreichen, denn im Zustand des *Flourishing* fühlen wir uns gut, und wir leben sinnerfüllt, wir funktionieren gut.

Was haben wir bis hierher erkannt? Wie uns die Positive Psychologie zeigt, haben hedonistisch angenehme, positive Gefühle sehr wohl ihren Platz in unserem Leben. Sie fühlen sich nicht nur gut an, sie erweitern auch unsere Wahrnehmung innerer und äußerer Möglichkeiten. So bauen sich mehr und mehr Ressourcen auf, und es geht uns immer besser. Ist dies verbunden mit eudämonischem Interesse an einem erfüllten, bedeutungsvollen Leben, befinden wir uns in einer Aufwärtsspirale und unser Leben blüht zunehmend auf. Es wird reicher an angenehmen Erfahrungen. Freude, Bedeutung und Sinn für uns selbst und unser Umfeld beginnen sich zu manifestieren. Mit der Zeit entwickeln sich so mehr und mehr Fähigkeiten, erfolgreich und sogar freudvoller mit Schwierigkeiten umzugehen, und unser Wohlbefinden festigt sich. Schaffen wir es zudem, zwischen bedingten, verwelkenden Freuden und nichtbedingten Freuden zu unterscheiden, entspannt sich unsere Erwartungshaltung, und einem erfüllten Leben mit Sinn für uns und andere steht nichts mehr im Wege.

Stillstand und Welken

Verfolgen wir jedoch ein allein auf angenehme Erfahrungen und gute Gefühle ausgerichtetes Leben und folgen blindlings dem allgemeinen, »Glück« verheißenden Konsumtrend, sind Enttäuschungen und Leiden, wenn auch nicht immer sofort sichtbar, so doch vorprogrammiert. Wir würden auf Sand bauen, denn gewöhnliche Freuden und Genüsse sind wie Blumen. Für kurze Zeit können sie unsere Sinne mit ihrem Duft und ihrer Schönheit erfreuen. Je stärker jedoch unser Drang ist sie zu besitzen, umso flüchtiger wird der Genuss sein. In dem Augenblick, in dem wir die Blume pflücken, ist ihr schnelles Ende besiegelt – sie verwelkt, und unser Verlangen nach erneuter Sinnesreizung wird umgehend wiedererwachen.
In einer Umwelt, die rund um die Uhr Möglichkeiten der Ablenkung für die Sinne bereithält, ist es nicht einfach, den hedonistischen Verlockungen zu widerstehen. Vom Aufstehen bis zum Einschlafen versucht man uns davon zu überzeugen, dass uns genau diese Zahnpasta (und nicht die hundert anderen) glücklich machen wird, dass wir genau diesen Urlaub brauchen, damit es uns gut geht, und dass es eigentlich unmöglich ist, sich in der Kleidung, die vorletztes Jahr modern war, zu zeigen oder gar gut zu fühlen. Meine Mutter konnte noch

mit einer einfachen Methode meinen erwachenden Wunsch nach genau der richtigen Markenjeans austricksen: Sie ersetzte das Label der erschwinglichen Kaufhausjeans durch das der begehrten, aber überteuerten Designerjeans. Doch ich bezweifle, dass Eltern heute, knapp vierzig Jahre später, mit einem so einfachen Trick bei ihrem trendbewussten Nachwuchs durchkommen würden. Ich erinnere mich auch noch, dass ich damals – mit meiner »Markenjeans« – durchaus ins Kino gehen konnte, ohne mich gefährdet fühlen zu müssen, dass ich verhungern oder verdursten könnte. Heutzutage ist ein mittelgroßer Eimer mit Popcorn sowie ein halber Liter eines zuckerhaltigen Kaltgetränks das Minimum an Proviant, das man so braucht, um einen neunzigminütigen Film zu überstehen. Frustshoppen oder Retail-Therapy scheint als Methode, sich von unhedonistischen Erfahrungen abzulenken, sehr hoch im Kurs zu stehen.

Es geht mir hier jedoch nicht um Schwarzmalerei oder das Verdammen einer konsumorientierten Gesellschaft. Trotz all ihrer Nachteile bietet sie auch riesige Vorteile, die es in diesem Ausmaß vermutlich in keiner anderen Kultur vorher gegeben hat und die es auch heute nicht überall gibt. Denken Sie nur an die Fülle an Informationen, die das Internet bereitstellt, oder die Möglichkeit, dank moderner Kommunikationsmittel mit unseren Mitmenschen in Kontakt zu sein.

Mein Anliegen ist vielmehr, Wege aufzuzeigen, wie man die vorhandenen Möglichkeiten unserer freien Informationsgesellschaft nutzen kann, ohne sich von ihren Verlockungen völlig einfangen zu lassen. Ich sehe uns Menschen auch nicht als schwache Individuen, die »der Gesellschaft« ausgeliefert sind – eine derartige Sicht macht uns wiederum machtlos und abhängig. Wollen wir erblühen, dann müssen wir unsere Stärken entdecken und entwickeln. Wenn wir jedoch nur hoffen, dass »die anderen« es für uns tun, ist absehbar, was dabei herauskommen wird. Trotzdem ist der Weg zum *Flourishing* gerade kein selbstbezogener. Ein erfülltes, sinnvolles Leben ist ja Voraussetzung dafür, auch für unsere Mitmenschen Bedingungen zu schaffen, die Erfüllung und Sinn zugänglicher machen.

Wir haben schon gesehen, dass sich sowohl in den USA als auch in Europa nur ein geringer Anteil der Bevölkerung im Zustand des *Flourishing* befindet. Die Untersuchung einer repräsentativen deutschen Stichprobe zeigt zudem, dass fünfunddreißig Prozent der Befragten ihr Leben weder als sinnerfüllt erleben noch bewusst an einem konkreten Sinnmangel leiden. Mit anderen Worten: Ein Drittel der Deutschen erlebt keinen tieferen Sinn im Leben, hat aber kein wirkliches Problem damit. Diese Menschen scheinen sich mit einem Leben ohne tiefere Bedeutung arrangiert zu haben, in dem weder Selbsterkenntnis, Spiritualität, Familie, Fürsorge, Kreativität oder andere Sinnbereiche eine wirkliche Rolle spielen. Auffallend war in dieser Studie jedoch, dass diese Gruppe im Vergleich zu den sinnerfüllter lebenden Mitmenschen eine deutlich geringere Zufriedenheit mit ihrem Leben allgemein sowie mit ihrer Berufstätigkeit und auch ein geringeres Maß an positiven Gefühlen aufwies. Zudem zeichneten die Betreffenden sich dadurch aus, dass kaum Interesse daran bestand, sich selbst, die eigenen Bedürfnisse oder Motive zu hinterfragen. Aus den Daten lässt sich jedoch nicht ablesen, ob die fehlende Selbstreflektion eine Ursache für die vorhandene Sinnleere ist oder eher ein Schutzmechanismus, der verhindert, eine möglicherweise bedrohliche Sinnleere bewusst zu erleben.

Kommen wir aber zurück zur Betrachtung der hedonistischen Lebenseinstellung und damit verbundener Probleme. Eine Reihe interessanter Studien hat mittlerweile gezeigt, dass wir weder besonders gut in der Vorhersage noch im Erinnern von positiven Erfahrungen sind. Zieht man in Betracht, dass wir uns gedanklich die meiste Zeit entweder mit der Vergangenheit oder mit der Zukunft beschäftigen und dass unsere Erinnerungen und Hoffnungen unser Verhalten in hohem Maße steuern, dann haben wir möglicherweise ein Problem. Vergleicht man die Einschätzung von Situationen als angenehm/unangenehm, während wir sie erleben, mit Einschätzungen, die wir aus unserer Erinnerung heraus machen, ist die Übereinstimmung nicht besonders hoch. Die Abweichungen sind jedoch nicht zufällig, sondern folgen in hohem Maße einem Muster, das in der *Peak-end*-Theorie formuliert wurde. Die nachträgliche, zusammenfassende Einschätzung ist ziemlich genau der Mittelwert zwischen der extremsten (*peak*) Bewertung und der Bewertung am Ende (*end*) der Erfahrung. Nachträgliche Einschätzungen scheinen also besonders von der Extremerfahrung und auch von der letzten Erfahrung einer Episode abzuhängen. Unter bestimmten Bedingungen kann dies sogar dazu führen, dass wir die Wiederholung einer insgesamt schmerzhafteren Erfahrung einer weniger schmerzhaften Erfahrung vorziehen würden.

Eine akzeptable Weise, Schmerzempfindungen zu untersuchen, ist es, Probanden zu bitten, ihre Hand für eine gegebene Zeit in relativ kaltes Wasser (etwa fünfzehn Grad Celsius) zu tauchen. Die Schmerzempfindung ist deutlich, aber akzeptabel und ohne bleibende Schädigung. In einer Studie von Kahneman und Mitarbeitern wurden Probanden zwei ähnlichen Situationen dieser Art ausgesetzt. In einer Phase hielten sie ihre Hand für sechzig Sekunden in eiskaltes Wasser, in der anderen für neunzig Sekunden, aber mit dem Unterschied, dass während der letzten dreißig Sekunden die Temperatur langsam um ein Grad erhöht wurde. Später sollten die Probanden auswählen, welche der beiden Prozeduren sie eher wiederholen würden. Deutlich mehr Probanden wählten die längere, also insgesamt schmerzhaftere Bedingung, waren in ihrer Entscheidung also deutlich von dem angenehmeren Ende der Erfahrung beeinflusst.

Was wir mögen, unterliegt zudem einer Vielzahl von Einflüssen, und obwohl wir generell eine gute Vorstellung davon haben, was wir als angenehm oder unangenehm erleben werden, machen wir doch auch deutliche, systematische Fehler, derer wir uns normalerweise nicht bewusst sind. Zum Beispiel scheinen wir Objekte mehr zu mögen, sobald wir sie besitzen, selbst wenn wir ihnen vorher keine besondere Bedeutung beigemessen haben. Das gilt selbst bei relativ trivialen Dingen wie Kugelschreibern oder Kaffeebechern. Gibt man Personen derartige Objekte und versucht, sie später zurückzukaufen, so verlangen die Probanden dafür einen höheren Preis, als wenn sie, ohne das Objekt zu besitzen, vor der Wahl stehen, den Gegenstand oder eine äquivalente Summe an Geld zu bekommen. Anders als wir erwarten würden, hängen unsere Gefühle auch weniger davon ab, *wie viel* wir verdienen, als vielmehr davon, wie sehr sich unser Einkommen *verändert*.

Sollen wir vorhersagen, wie lange ein angenehmes oder unangenehmes Gefühl bestehen bleiben wird, liegen wir regelmäßig daneben. Weder unangenehme noch angenehme Gefühle halten so lange an, wie wir es erwarten würden. Eine Erklärung dafür könnte sein, dass die vorgestellte Situation in unseren Erwartungen eine viel exklusivere Stellung einnimmt, als sie im erlebten Alltag wirklich haben wird. Es scheint, dass wir all die gleichbleibenden Dinge unseres Lebens in der Einschätzung vernachlässigen und so in unseren Erwartungen an Glück und Leid weitaus extremer sind, als das wirkliche Leben uns mitspielen wird.

Zudem sind wir uns des Ausmaßes an Adaptation oder Anpassung nicht gebührend bewusst und überschätzen so die Dauer unserer hedonistischen Erfahrungen. Um der daraus resultierenden niemals endenden Anstrengung und Frustration in unserem Streben nach Glück Ausdruck zu verleihen, bezeichneten Psychologen dieses Anpassungsphänomen als »hedonistische Tretmühle«.

Wollen und Mögen: Wettstreit im Gehirn

Die Kluft, die sich zwischen unseren Erwartungen und der tatsächlich erlebten Realität auftut, hängt vermutlich auch mit Verschaltungen unseres Gehirns zusammen. Unser Wollen, der Antrieb und Wunsch bestimmte angenehme Erfahrungen zu machen, und unser Mögen, das tatsächliche, angenehme Gefühl einer Erfahrung, werden von unterschiedlichen Verbindungswegen im Gehirn gesteuert, in ihrer subtilsten Form sogar ohne dass wir uns solcher Tendenzen selbst bewusst werden. Unser Wollen hängt mit dem sogenannten *Wanting*-System zusammen, unser Mögen ist dagegen mit dem *Liking*-System verbunden. Recht tief im Gehirn liegen zwei jeweils etwa einen Kubikzentimeter große Strukturen, der Nukleus accumbens und das ventrale Pallidum, in denen sich diese beiden Systeme überlappen. Umfangreiche neurowissenschaftliche Studien der jüngeren Vergangenheit haben ergeben, dass die Informationsweiterleitung und -verarbeitung in diesen beiden Strukturen und den verbundenen Systemen von unterschiedlichen Botenstoffen abhängen.

Im *Wanting*-System ist es vorrangig der Neurotransmitter Dopamin, der die Information durch den synaptischen Spalt von Nervenzelle zu Nervenzelle transportiert, während das *Liking*-System vorrangig von körpereigenen Opioiden betrieben wird. Aufgrund ihrer chemischen Zusammensetzung hängt die Einnahme von Drogen wie Amphetamin und Kokain besonders mit dem *Wanting*-System zusammen, während die Einnahme von Marihuana oder Heroin insbesondere das *Liking*-System betrifft.

Vordergründig scheinen in unserem bewussten Erleben Wollen und Mögen zusammenzugehören. Was wir mögen, wollen wir auch, und wir wollen natürlich nur etwas, das wir auch mögen. Es kann jedoch passieren, dass beide Systeme einander zuwiderlaufen. Wir können etwas wollen, obwohl wir es nicht mögen! Eine unbewusste *Wanting*-Reaktion auf vormals positiv erlebte Anreize kann ausgelöst werden, selbst wenn wir bewusst für diesen Reiz nicht viel übrig haben. Besonders deutlich lässt sich dies im Falle verschiedener Drogenabhängigkeiten beobachten. Nach der einflussreichen Theorie des Neurowissenschaftlers Berridge kann Drogeneinnahme dazu führen, dass das *Wanting*-System eine Überempfindlichkeit entwickelt. Die Auswirkung davon ist, dass eine breit gefächerte Vielfalt von Anreizen, die irgendwie in Verbindung mit hedonistischen Drogenerfahrungen stehen, eine starke *Wanting*-Reaktion auslösen, sogar wenn der Drogenkonsum selbst bewusst als unangenehm oder nicht wünschenswert erlebt wird. Mögen und Wollen stehen hier deutlich im Wettstreit: Der

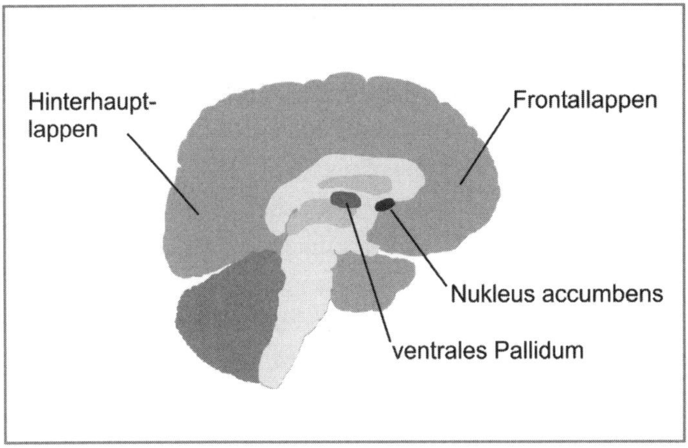

Abbildung 5: *Blick auf die mittleren Strukturen des Gehirns mit Nukleus accumbens und ventralem Pallidum*

Geist ist willig, aber das Fleisch ist schwach, wie es so schön heißt. Obwohl man bewusst eine Abneigung entwickelt hat, ist der neurochemisch ausgelöste Drang so stark, dass er uns überkommt. Hat sich eine derartige Überempfindlichkeit in unseren Hirnwindungen erst einmal entwickelt, scheint es enorm schwierig zu sein, sie wieder abzubauen und zu überwinden.

Diese *Wanting*- und *Liking*-Prozesse spielen jedoch nicht nur bei Drogenkonsum und Abhängigkeiten eine Rolle. Ihre Auswirkungen zeigen sich in viel alltäglicheren Situationen wie der Auswahl unserer Nahrung. In Experimenten wurde dies untersucht, indem Probanden vor die Aufgabe gestellt wurden, Bewertungen verschiedener Speisen und Nahrungsmittel abzugeben. In hungrigem Zustand hatten Versuchsteilnehmer ein stärkeres Verlangen nach herzhaft-fetthaltiger Nahrung als nach herzhaft-fettarmer Nahrung, obwohl sie beide Nahrungstypen nach ihren Aussagen gleich gern mochten. Bei Süßspeisen sah es anders aus: Sollten die Probanden nur angeben, welche sie lieber mochten, dann wählten sie die fetthaltige Süßspeise eher als ihre fettarme Variante. Bei der tatsächlichen Auswahl bevorzugten sie jedoch keine der beiden. Nach einer sättigenden Mahlzeit veränderte sich das Bild deutlich. Plötzlich mochten sie herzhaft-fettige Nahrung lieber als ihre fettarme Version, bevorzugten aber keine der beiden in ihrer Auswahl. Bei den Süßspeisen bevorzugten sie plötzlich die fettarme Variante mehr als die fetthaltige, obwohl sie sie nicht mehr mochten. Es zeigt sich, dass Wollen und Mögen also nicht immer im Einklang sind und sich sogar in Abhängigkeit von unserem Sättigungsgrad sehr schnell verändern können. Erste Studien versuchen nun herauszufinden, ob Störungen im Dopamin-*Wanting*-System auch mit gestörtem Essverhalten in Zusammenhang stehen könnten.

Möglicherweise trägt das Auseinanderlaufen von *Wanting*-

und *Liking*-Reaktionen auch dazu bei, dass wir von dem *Wanting*-System überwältigt werden und so in unserer Vorhersage die Wirkung von hedonistischen Ereignissen deutlich positiver einschätzen, als ihr hedonistischer Wert dann tatsächlich erlebt wird. Mindestens genauso wichtig sind aber mit Sicherheit kognitive Faktoren. Wenn wir an ein zukünftiges Ereignis denken, so nimmt dies in unserer Vorstellung einen deutlich breiteren Raum ein, als es in der wirklich gelebten Erfahrung tun wird, wenn es gemeinsam mit einer Vielzahl weiterer Ereignisse und Einflüsse auftritt. Daher wird es häufiger vorkommen, dass wir ein bevorstehendes Ereignis in positiver oder negativer Richtung überschätzen und Hoffnung und Furcht, Enttäuschung und Erleichterung uns dadurch aus dem Erleben der Situation reißen.

Obwohl wir bisher darüber geredet haben, wie das Zusammenspiel dieser beiden Systeme außer Gleichgewicht geraten kann, sollten wir nicht vergessen, dass sie im Normalfall gut zusammenarbeiten. Das *Wanting*-System ist daran beteiligt, Interesse und Neugier aufrechtzuerhalten, und hat dafür zu sorgen, dass der Wunsch, sich mit Dingen auseinanderzusetzen, bestehen bleibt. Eine Aktivierung des *Liking*-System sorgt dagegen dafür, dass wir uns entspannen und eine Situation genießen können. Wie man sich gut vorstellen kann, ist eine Balance beider Systeme besonders nützlich. Nimmt das *Liking*-System dauerhaft Überhand, werden wir schnell zu einem Stubenhocker, der Ruhe und Gemächlichkeit im Übermaß genießt. Nimmt das *Wanting*-System Überhand, so kommen wir jedoch niemals zur Ruhe und sind ständig aktiv oder sogar überaktiv.

Wir haben aber auch die Möglichkeit, geschickt mit dem Zusammenspiel von Wollen/Motivation und Mögen/Genuss umzugehen. So können wir unsere Motivation unabhängig von den kurzlebigen Genüssen des *Liking*-Systems auf persönliches Wachstum und Entwicklung und auf ein bedeutungsvolles Leben ausrichten. Wären diese beiden Systeme nicht voneinander getrennt, wären wir unseren Genüssen völlig ausgeliefert. Denn alles, was wir genießen würden, wäre zwangsläufig mit höherer Motivation, es zu haben oder zu erfahren, verbunden. Und wir würden nur nach Dingen streben, die einen hohen Genusswert besitzen.

Spricht uns die eudämonische Idee von einem sinnerfüllten Leben an, dann können wir unsere Motivation in diese Richtung ausrichten. Ist die Motivation weniger auf die Befriedigung kurzfristiger Genüsse ausgelegt, so entspannt sich das *Wanting*-System. Statt einer Einschränkung unseres Wahrnehmungs- und Bewusstseinsfeldes, wie wir es im Zustand starker Begierden erfahren, bleibt mehr Raum, auch weniger dramatische angenehme Erfahrungen wertzuschätzen, und der schon beschriebene *Broaden*-Effekt kann sich einstellen – wir blühen auf.

Es ist ermutigend zu sehen, wie Psychologie, Neurowissenschaften und buddhistisches Erfahrungswissen hier konvergieren. Die Neurowissenschaften zeigen uns, was auf physiologischer Ebene abläuft. Dies wird von psychologischen Beobachtungen und Modellen untermauert, die verdeutlichen, wie sich dies in inner- und zwischenmenschlichen Erfahrungen ausdrückt. Buddhistische Einsichten bringen das Erleben aus erster Hand ins Spiel und steuern ausgiebig erprobte Mittel bei, wie wir uns in ganzheitlicher, den gesamten Reichtum unseres Erlebens einbeziehender Weise zu dauerhaftem Glück und wahrhafter Erfüllung entwickeln können.

Da das neurowissenschaftliche Verständnis der Zusammenhänge zwischen unserer Motivations- und Gefühlswelt noch recht bruchstückhaft und unvollständig ist, wäre es verfrüht, all unsere Motivationen, Erwartungen und Wünsche mit dem *Wanting*-System in Verbindung zu bringen und all unsere Genüsse mit dem *Liking*-System. Daher sind auch die hier dargestellten Ergebnisse mit Vorsicht zu genießen und sollten nicht zu sehr verallgemeinert werden. Aber unabhängig davon, wie genau wir verstehen, welche Abläufe im Gehirn mit unseren Wünschen, Begierden und Erwartungen in Zusammenhang stehen und welche mit unseren konkreten Genüssen, so ist zumindest sehr deutlich, dass sich die Erwartung eines Erlebnisses und das Erleben selbst voneinander unterscheiden und dass Gehirnprozesse dabei eine bedeutende Rolle spielen.

Vom Labor ins Leben

Die bisherigen Seiten bekommen praktische Bedeutung, wenn wir die Erkenntnisse und Einsichten, die in den wissenschaftlichen Laboratorien der Psychologen und Hirnforscher und im Labor des Geistes der Meditationsmeister angesammelt wurden, in geschickter Weise in unser Leben übertragen und nutzbar machen. Obwohl wissenschaftliche und meditative Zugänge auf den ersten Blick sehr unterschiedlich erscheinen, haben sie doch die Ausrichtung auf nutzbringende Erkenntnis gemein. Egal welcher Methodik sie sich bedienen, geht es doch letztendlich darum, ein besseres Leben für uns und unsere Mitmenschen zu schaffen. Dies ist es, was wir schließlich von unseren Wissenschaftlern erwarten, und dies ist es auch, was wir von Religionen und spirituellen Angeboten erwarten oder erwarten sollten.

Wie wir gesehen haben, ist einer der klarsten Befunde der Positiven Psychologie, dass das Erleben angenehmer, positiver Gefühle eine Reihe an Auswirkungen hat. Für unser *Flourishing* ist dies insbesondere der Effekt, dass positive Gefühlszustände zu einer Erweiterung unserer Aufmerksamkeitsspanne, zu einer Zunahme der erlebten Wahrnehmungs- und Handlungsmöglichkeiten und zu mehr geistiger Flexibilität führen, wodurch sich längerfristig Resilienz und die Fähigkeit, mit widrigen Situationen umzugehen, ausbilden. Der meditative Zugang hilft uns, eine Entspannung und Ausgeglichenheit zu finden und unsere Wünsche auf langfristig und nachhaltig bedeutungsvolle Ziele auszurichten, anstatt uns in der Befriedigung kurzfristiger Freuden zu verlieren.

Der zweite Teil des Buches widmet sich nun wissenschaftlich untermauerten, teilweise meditativen Methoden, die die Aufwärtsspirale zum *Flourishing* in Bewegung setzen.

Teil 2: Wege zum erfüllten Leben

Meditation

Besser als nur rumzusitzen und gar nichts zu tun

Noch immer wird Meditation gern als etwas Exotisches missverstanden, als etwas, das eigentlich nichts mit uns hier im Westen zu tun hat. Was für einen Vorteil könne es schon haben, in der Ecke zu sitzen und Nabelschau zu halten, mag sich manch einer fragen.
Nun, ein Vorteil wird sofort klar: Während wir in der Ecke sitzen und nichts tun, machen wir zumindest keine Fehler! Und das ist ja schon mal ein Anfang. Doch in einer Zeit, in der mehr Wert darauf gelegt wird, nicht gegen verschiedenste Konventionen zu verstoßen, als sich aktiv *für* etwas einzusetzen, ist ein derartiger Scherz vielleicht nicht so recht angebracht. Sicherlich ist es besser, sich für etwas Sinnvolles zu engagieren und Gefahr zu laufen, dabei einen Fehler zu machen, als jegliche Aktivität einzustellen.
Doch zurück zum Thema. Ist Meditation mehr als Nichtstun? In den letzten fünf Jahren haben fast zweihundert Kollegen meiner Universität an den von mir angebotenen Mitarbeiterfortbildungen *mindfulness@work* teilgenommen. In drei zweistündigen Veranstaltungen lernen sie etwas über die Hintergründe der Achtsamkeitsmeditation. Wir besprechen, wie sich Achtsamkeit (*mindfulness*) in den Alltag integrieren lässt mit dem Ziel, weniger von Stress und anderen Schwierigkeiten geplagt zu sein. Anfangs erstaunte es mich, wie häufig ich die Rückmeldung bekam, diese Kurse hätten lebensverändernde Wirkung gehabt. Eine alleinerziehende Mutter mit zwei Söhnen im Teenageralter berichtete zum Beispiel, wie ihre Söhne plötzlich stutzig wurden, weil sich die Laune ihrer Mutter so sehr verbessert hatte und sie deutlich seltener aus der Haut fuhr als bisher. In diesem Fall war die Wirkung offen-

bar so deutlich, dass die beiden Söhne selbst darauf aufmerksam wurden, nicht ahnend, dass ihre Mutter an einem Achtsamkeitskurs teilgenommen hatte. Eine andere Kollegin war von der Methode so sehr überzeugt, dass sie sie in einer Klasse mit sechzehn- bis siebzehnjährigen schwererziehbaren Jugendlichen ausprobierte: Vor einer schriftlichen Prüfung forderte sie alle Schüler auf, fünf Minuten Stille einzuhalten und die eigene Atmung zu beobachten. Die Leistungen in der darauffolgenden Prüfung waren überdurchschnittlich gut und – vielleicht noch überzeugender – die Schüler forderten von nun an vor jeder Prüfung eine derartige Ruhepause ein. Andere Teilnehmer hatten ähnlich einschneidende Erlebnisse zu berichten. Aufgrund anhaltender Mundpropaganda sind diese Kurse nach wie vor äußerst beliebt und ich schaffe es kaum, die bestehende Warteliste signifikant zu verkürzen.

Wie lässt sich eine derartige Wirkung nach so kurzer Zeit erklären? Immerhin haben die Kollegen ja während der Fortbildung nur sehr begrenzte Erfahrung mit Meditation gemacht. Ohne dies bisher systematisch untersucht zu haben, vermute ich, dass zusätzlich zu den Meditationsübungen selbst noch ein weiterer Punkt ins Spiel kommt. Im Rahmen dieser Kurse erkläre ich Achtsamkeit aus einer psychologischen Perspektive. Praktisch gesehen geht es dabei darum, durch Meditationspraxis eine gewisse geistige Stabilität zu entwickeln, die es möglich macht, genauer zu erkennen, welche Tendenzen und Impulse im eigenen Geist auftauchen, bevor sie sich ausdrücken. Ich weise besonders auf die Sensitivität hin, die Bestandteil einer achtsamen Erlebnisweise ist. Unsere gewöhnliche Reaktion auf eine Situation, so lässt sich beobachten, ist nur *eine* von vielen Möglichkeiten – wir könnten auch ganz anders reagieren. Ist unser Geist weniger abgelenkt, wächst unsere Fähigkeit zu erkennen, welche Impulse in ihm auftauchen. Zunehmend wird man auch einen Raum erkennen, der sich zwischen einer Erfahrung und der eigenen Reaktion darauf eröffnet. Wirkliche Freiheit beginnt an dem Punkt, an dem wir diesen Raum, der sich nur für den Bruchteil einer Sekunde auftun mag, erkennen und nutzen können. Haben wir genügend Abstand zu all dem Kommen und Gehen in unserem Geist, fällt es uns leichter, die Handlungstendenzen auszuwählen, die sinnvoller und freudvoller erscheinen. Es gibt also einen inneren Raum, der uns erlaubt, uns anders als gewohnt zu verhalten, ja sogar anders zu erleben.

Nun erscheint es mir aber als recht unwahrscheinlich, dass sich im Rahmen eines sehr kurzen Achtsamkeitskurses dieser innere Freiraum deutlich vergrößern ließe. Vielmehr vermute ich, dass allein das neu erwachende Verständnis, eine derartige innere Freiheit zu besitzen, schon zu einer Veränderung führen kann. Gefühlsregungen, die in unserer Erfahrung auftauchen, sind dann weniger bindend. Sie sind nur *eine* Weise, auf eine gegebene Situation zu reagieren, eine persönliche Weise, die von unserer eigenen Geschichte abhängt, uns aber durchaus die Freiheit lässt, uns anders zu verhalten. Der erste Schritt in die Achtsamkeit scheint mir daher eher eine Veränderung in dem Selbstverständnis unserer Gefühlsregungen zu sein, was fast automatisch einen Handlungsspielraum eröffnet.

Der Psychiater und Psychologe Viktor Frankl drückte dies in sehr ähnlicher Weise aus: Zwischen einem Reiz und unserer Reaktion darauf gäbe es immer einen Freiraum, der uns erlaube, unsere eigene Wahl zu treffen. Dadurch würden Freiheit und inneres Wachstum ermöglicht. Aus der Feder einer Persönlichkeit wie Frankl stammend, gewinnt eine solche Aussage zusätzliche Bedeutung, hat er doch als österreichischer Jude seit dem »Anschluss« Österreichs an das Dritte Reich im Holocaust seine engsten Familienangehörigen verloren und selbst Auschwitz und Dachau überlebt. In dem Buch »… trotzdem Ja zum Leben sagen: Ein Psychologe erlebt das Konzentrationslager« verarbeitete und beschrieb er seine Erlebnisse aus dieser Zeit. Die Fähigkeit, auch unter den unmenschlichsten Bedingungen Sinn im Leben zu finden, half ihm zu überleben. Die Frage nach dem Sinn des Lebens und die Einsicht, dass jeder Mensch diesen Sinn für sich selbst finden muss, hat sein Leben und Wirken durchdrungen und stellt einen der wichtigsten Beiträge zur Humanistischen Psychologie dar.

Doch bevor wir zu sehr ins Theoretisieren verfallen, ist es sinnvoll, einen ersten Eindruck zu bekommen, wie eine solche Achtsamkeitsmeditation aussehen kann. Wie Rabindranath Tagore sagte, kann man einen Ozean nicht überqueren, indem man am Ufer steht und auf das Wasser starrt.

Übung: Achtsamkeit auf den Atem

Nehmen Sie eine bequeme Sitzhaltung ein, in der Sie für fünf bis zehn Minuten ohne Anstrengung und Schwierigkeiten entspannt sitzen können. Die akrobatisch gekreuzte Beinstellung, die Meditierende üblicherweise in den Medien zeigen, ist nützlich – falls Sie so sitzen können – aber mit Sicherheit nicht notwendig. Wir meditieren mit dem Geist, nicht mit den Knien. Ein Stuhl, der einen aufrechten Sitz ermöglicht, ist sehr gut. Ein gerader, aber nicht verkrampfter oder steifer Rücken hilft uns, in der Meditation die Konzentration zu wahren, und ist daher in jedem Fall sehr förderlich. Zudem ist es hilfreich, Zeit und Ort so zu wählen, dass wir voraussichtlich nicht gestört werden. Wir können mit offenen oder geschlossenen Augen meditieren. Wollen Sie sie offen halten, dann wählen Sie einen Punkt etwas weiter unten vor Ihnen im Raum, auf dem Sie Ihren Blick ruhen lassen können.

Wenn Sie mit der Meditationsübung beginnen, spüren Sie für einen Moment, ob Sie tatsächlich entspannt sitzen, und lösen Verspannungen in den Schultern, im Nacken oder wo Sie sie sonst entdecken, so gut es geht. Machen Sie einen oder zwei tiefe Atemzüge und atmen Sie danach natürlich weiter, ohne den Atem in

der einen oder anderen Weise zu manipulieren. Unser Atem achtet gewöhnlich auf sich selbst. Er benötigt keine zusätzliche Kontrolle. Nachdem Sie so eine angenehme Position gefunden haben, lenken Sie nun die Aufmerksamkeit auf Ihre Atmung. Nehmen Sie sich vor, in den kommenden Minuten ganz für die Atmung da zu sein. Es gibt nichts zu tun und nichts zu erreichen. Erlauben Sie sich für ein paar Minuten, einfach im augenblicklichen Erleben zu verweilen. Richten Sie Ihre Aufmerksamkeit auf die Innenseiten Ihrer Nasenflügel und den Rand der Nasenlöcher. Versuchen Sie, die ein- und ausströmende Luft so deutlich wie möglich zu spüren. Verweilen Sie bei dieser Erfahrung, so gut es geht!
Es ist zu erwarten, dass der Geist abschweift, um sich mit anderen Dingen aus Vergangenheit und Zukunft zu beschäftigen. Das ist normal, aber Sie brauchen sich im Moment nicht darum zu kümmern. Nach der Meditation werden Sie wieder genug Zeit dafür haben. Nun geht es einfach darum, ganz unsentimental zu erkennen, wenn Ihr Geist abschweift, und ihn jedes Mal ohne weitere innere Diskussion oder Beurteilung zur Erfahrung des Luftstroms an der Nasenspitze zurückzubringen.
Versuchen Sie, diese Übung für ein paar Minuten durchzuführen.

Sie haben gerade die Grundzüge einer Achtsamkeitsmeditation kennengelernt. Die Idee ist bestechend einfach: Wir lassen unseren Geist im Moment des Erlebens verweilen. Um dies zu üben und ein Maß für unsere Konzentration zu bekommen, richten wir unsere Aufmerksamkeit auf ein Objekt, in diesem Fall unseren Atem. Es kann jedoch auch jedes andere beliebige Objekt sein, ein äußeres Objekt, das wir mit unserem Sehsinn wahrnehmen, ein Geräusch, Gerüche, ein körperliches Gefühl et cetera. Diese Liste ließe sich endlos fortsetzen, denn es geht bei dieser Übung letztendlich nicht um das Objekt selbst. Wie gesagt, es hat nur die Funktion, unsere Aufmerksamkeit zu binden. Es ist auch möglich, diese Übung ganz ohne ein Ob-

jekt als Fokuspunkt auszuführen, doch wie Sie sich vorstellen können, ist dies vielmals schwieriger und wird nur von Meditierenden mit ausgiebiger Übung praktiziert. In der Meditation selbst geht es nicht um die Identität oder bestimmte Eigenschaften und Merkmale des Phänomens, auf das wir uns konzentrieren. Während unsere Aufmerksamkeit auf dem Objekt, zum Beispiel unserer Atmung, verweilt, entwickelt sich zunehmend ein Feingefühl dafür, ob unser Geist tatsächlich bei dem Objekt ist, oder womit er sich sonst gerade beschäftigt. Jedes Mal, wenn wir feststellen, dass wir abgelenkt sind, bringen wir die Aufmerksamkeit in entspannter Weise zum eigentlichen Meditationsobjekt zurück. Dabei spielt es keine Rolle, womit sich der Geist in der Zwischenzeit beschäftigt hat. Dieser Ablauf wiederholt sich immer wieder. Schon allein durch die ständige Wiederholung dieses Vorgangs bildet sich die Fähigkeit aus, die Aufmerksamkeit von Erfahrungen abzuziehen, die zum gegebenen Zeitpunkt nicht von Bedeutung sind. Dadurch verringert sich beispielsweise häufiges Gedankenkreisen oder Grübelei und man findet mehr innere Ruhe.
Diese Fähigkeiten, die wir in der Meditationsübung kultivieren, werden zunehmend auch für den Alltag interessant. Die erhöhte Feinfühligkeit für die eigenen Erlebnisprozesse hilft uns, wenig nützliche Gefühlsregungen frühzeitig zu erwischen und zu durchschauen. Während wir früher möglicherweise unseren Zornanwallungen ausgeliefert waren und unser Umfeld damit behelligt haben, ist es nun nicht mehr nötig, unangenehme und nutzlose Erfahrungen für uns selbst und andere zu produzieren. Denn wir erkennen nicht nur, welche Tendenzen sich gerade ausdrücken wollen, sondern haben durch die wiederholte Übung des Abziehens von Aufmerksamkeit gelernt, in flexibler Weise auf sich anbahnende Dramen zu reagieren. Die ersten Früchte dieser Übung zeigen sich gewöhnlich schon nach sehr kurzer Zeit. So berichten Teilnehmer einer Langzeit-

studie, die wir momentan durchführen, schon nach wenigen Wochen von tief greifenden Veränderungen in ihrem Leben, obwohl sie diese einfache Übung täglich nur zehn Minuten lang durchführen.

Bisher habe ich vorrangig die technischen Anteile der Achtsamkeitsmeditation beschrieben, die man mit entsprechender Willenskraft gut meistern kann. In manchen hinduistischen Yogi-Traditionen kann man einen Eindruck davon bekommen, wie stark sich diese Willenskraft entwickeln lässt und welche Kontrolle über Körper und Geist sie ermöglicht. So gibt es Yogis, sogenannte *Sadhus*, die seit Jahren einen ihrer Arme senkrecht in die Luft halten, ohne ihn jemals abzusenken, oder jahrelang aufrecht stehen, ohne sich jemals hinzusetzen oder zu legen. Ich habe von einem *Sadhu* gelesen, der dies achtundzwanzig Jahre lang getan hat. Nur zum Schlafen habe er sich auf eine Art Schlinge gelehnt. Andere *Sadhus* haben völlige Kontrolle über ihren Herzschlag entwickelt und sind in der Lage, diesen extrem zu erhöhen oder zum Stillstand zu bringen, andere überstehen unbeschadet, für mehrere Tage in ein Erdloch vergraben zu sein.

Derartige Extrembeispiele geben eine Idee davon, was durch die Verbindung von Willenskraft und bestimmten Meditationstechniken möglich ist. Bei der buddhistischen Meditation geht es jedoch um etwas recht anderes als solche Extremzustände. Sicherlich brauchen wir eine gewisse Willenskraft, um uns überhaupt dazu zu bringen, Meditationsübungen durchzuführen. Doch rohe Kraft und Entschlossenheit allein helfen nicht. Vielmehr sollte diese Entschlossenheit mit Feingefühl verbunden werden und eine ausgeglichene Allianz eingehen.

Buddha hat als Beispiel dafür das Stimmen eines Saiteninstruments verwendet. Die richtige Balance zwischen Anspannung und Entspannung ist nötig, damit das Instrument gut klingt. Sind die Saiten zu lasch, bringen sie keinen schönen Ton hervor, sind sie zu straff gespannt, zerreißen sie, wenn man sie zum Klingen bringen will. In ähnlicher Weise besteht die Meditationsübung aus einem Tanz, in dem wir uns zwischen Anspannung und Entspannung hin und her bewegen. Mit zunehmender Übung fällt es leichter, in den Fluss der Meditation zu kommen und auf Messers Schneide in der Fülle des Augenblicks zu verweilen.

Psychologisch können wir eine Achtsamkeitsmeditation als Zusammenspiel der drei Anteile Absicht, Aufmerksamkeit und Einstellung verstehen, die in einem dynamischen Prozess miteinander verwoben sind. Praktizieren wir Achtsamkeit, sind wir aus einem bestimmten Grund (Absicht) in einer bestimmten Weise (Einstellung) aufmerksam (Aufmerksamkeit).

Wie dieses in Abbildung 6 dargestellte Modell deutlich macht, handelt es sich bei der Achtsamkeitsmeditation um mehr als eine bloße Technik. Um uns wirklich mit Achtsamkeitstraining zu beschäftigen und dies in unser Leben einzubinden, brauchen wir einen bestimmten Grund, eine bestimmte Absicht, eine Vision oder ein Ziel, ansonsten wird unserer Praxis die nötige Ausdauer und Kraft fehlen. Die Absichten können jedoch sehr verschieden und weit gefächert sein. Ein überlasteter Manager mag Achtsamkeitsübungen verwenden, um sich weniger gestresst zu fühlen und auf potenziell stressvolle Situationen besser vorbereitet zu sein. Jemand anderes mag insbesondere seine körperliche Gesundheit im Auge haben und auf die positiven Wirkungen von Meditation auf das Herzkreislaufsystem und die körpereigene Immunabwehr abzielen. Ein praktizierender Buddhist verwendet die Meditation dagegen, um zu tiefen Einsichten und zur Transformation des Selbst zu gelangen.

Wie erste psychologische Studien zeigen, bestimmt die Absicht, mit der Personen Meditation verwenden, auch maßgeblich den sich ergebenden Nutzen. Es scheint jedoch auch so,

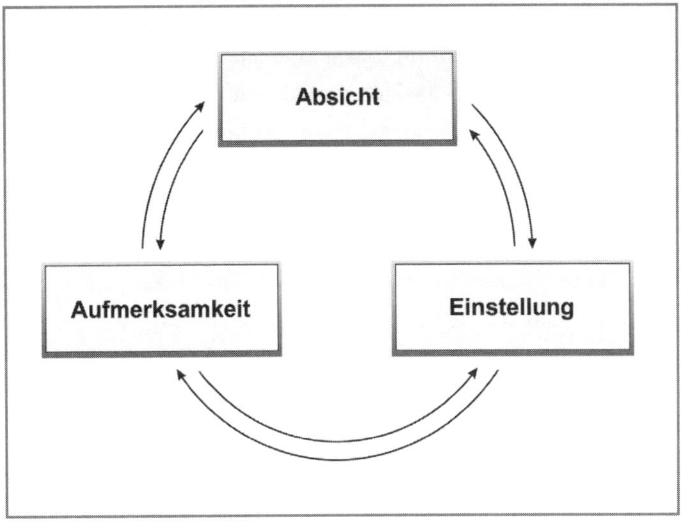

***Abbildung 6:** Die drei Anteile der Achtsamkeit, die sich in ständigem Zusammenspiel befinden*

dass sich mit wachsender Erfahrung mit dieser Meditation die Sichtweise und die persönlichen Ziele verlagern können. Selbst wenn man die Meditation aus rein gesundheitlichen Gründen aufgenommen hat, mag die Erfahrung dazu führen, dass man Fragen über den Sinn seines Lebens stellt und so mit der Meditationspraxis in Richtung eudämonisches Glück und *Flourishing* wächst.

Die Einstellung, mit der wir in Meditation – und mehr und mehr auch im Alltag – aufmerksam sind, wird häufig als eine nicht-beurteilende Bewusstheit beschrieben, mit der eine im Moment des Erlebens auftauchende Erfahrung erkannt wird und ohne weitere Auseinandersetzung als das belassen wird, was sie ist. Man übt, sich in einer neuen Weise auf innere und äußere Erfahrungen einzulassen. Dazu gehört auch eine gewisse Neugier für vielleicht unerwartete Impulse, die im eigenen Geist auftauchen mögen, sowie das Vertrauen, alle

Erfahrungen so belassen zu können, wie sie sich zeigen. Diese grundlegende Einstellung bezeichne ich gern als sehr aktives Nichtstun. Es bedarf aktiver Konzentration zu erkennen, was im eigenen Geist vor sich geht, und nicht darauf einzusteigen, nichts damit zu tun.

Mit den drei Aspekten von Absicht, Einstellung und Aufmerksamkeit lässt sich ohne Weiteres ein gesamtes Buch füllen, und wir werden ihnen an verschiedener Stelle wieder begegnen, wenn wir uns damit beschäftigen, wie Achtsamkeit zu Glück und *Flourishing* beitragen kann. Vorerst möchte ich es aber bei dem grundlegenden Verständnis davon belassen, dass die Fragen, was wir tun (Aufmerksamkeit), warum wir es tun (Absicht) und wie wir es tun (Einstellung), bei Achtsamkeitsübungen gewöhnlich zusammenwirken.

Gedankenfreiheit

Häufig hört man die Vorstellung, Meditation sei ein Zustand frei von Gedanken, ein Zustand, in dem alle geistige Aktivität zur Ruhe gekommen ist. Dies ist jedoch ein Missverständnis, zumindest was Meditation mit buddhistischen Wurzeln betrifft. In ähnlicher Weise, wie es zwar beeindruckend, aber äußerst unpraktisch ist, ständig einen Arm senkrecht in die Luft zu strecken, wäre es sehr unpraktisch, keine Gedanken zu haben. Es geht nicht darum, frei *von* Gedanken, sondern frei *mit* und *in* Gedanken zu sein. Um dies zu verdeutlichen, vergleicht Lama Ole unsere Gedanken, Ideen und Vorstellungen mit einer Werkzeugkiste. Hält man sich die Werkzeugkiste vor den Kopf, sieht man nur die Kiste, aber nicht, was wirklich vor sich geht. Denkt man, dass die Gedanken und Vorstellungen, die man über die Welt hat, die Welt sind, sieht man seine Vorstellungen, aber nicht die Welt, und man hat ein Problem. Die meisten Konflikte stammen wohl daher, dass es unterschiedliche Vorstellungen von der Welt gibt, jeder aber davon überzeugt ist, dass die eigenen die einzig richtigen sind. Hätten wir andererseits gar keine Gedanken, hätten wir ein noch größeres Problem. Was wäre dann wohl aus Deutschland, dem Land der Dichter und Denker, geworden?

Ein geschickter Ausweg aus dem scheinbaren Dilemma ist ein Ratschlag, den wir häufiger aus buddhistischen Quellen hören können: Nicht Entweder-oder, sondern Sowohl-als-auch, der Mittlere Weg. Es geht gar nicht darum, ob wir Gedanken oder keine Gedanken haben, sondern darum, wie wir uns auf die Gedanken beziehen. Unsere Einstellung oder Sichtweise ist der entscheidende Punkt. Statt die Werkzeugkiste der Gedanken und Vorstellungen vor dem Kopf zu haben, können wir sie an der Seite mit uns führen. Gedanken und Vorstellungen sind zwar da, aber wir beachten sie nur, wenn wir sie wirklich benötigen. Hat man sie als Mittel zur Verfügung, kann man etwas Sinnvolles damit anstellen.

Gedankenfreiheit bedeutet demnach, frei zu sein im Umgang mit den Gedanken, es bedeutet, frei darin zu sein, was man denkt, aber nicht frei davon, überhaupt zu denken. Unser inneres Gleichgewicht, das sich durch Meditationspraxis fördern lässt, hilft uns dabei, Gedanken und Vorstellungen als Möglichkeiten statt als einzige Wahrheit zu erfahren: Gedanken sind ein guter Diener, aber ein schlechter Herr.

Meditation ist kein Selbstzweck

Zeit für Meditation zu finden und sich zehn oder fünfzehn Minuten Auszeit von dem wilden Treiben des Alltags zu nehmen, kann an sich schon eine Erleichterung sein. Wäre der Nutzen der Übung jedoch auf diesen kurzen Zeitraum beschränkt, dann müsste man sich sehr wohl fragen, ob es wirklich Sinn macht. Was wäre mit den verbleibenden dreiundzwanzig Stunden und fünfundvierzig Minuten? Es gibt ja viele Weisen, wie man sich entspannen kann: ein gutes Stück Musik, eine Massage, den Geist schweifen lassen, während wir es uns auf dem Sofa gemütlich machen, der Genuss eines guten *Single Malts* oder ein *Latte macchiato* beim besten Italiener der Stadt. All das kann nett sein und sich gut anfühlen, aber es hat eine andere Bedeutung als Meditation selbst. Und vielleicht erleben wir den Geschmack eines *Latte* sogar deutlicher, wenn wir ihn mit gesteigerter Achtsamkeit genießen?

Meditation gewinnt in dem Moment richtige Bedeutung, wenn wir am Ende einer Übung angekommen sind. An diesem Punkt können wir uns ganz bewusst entscheiden, das Geübte in unser Leben – den sogenannten Alltag – zu übernehmen. Würden wir eine strikte Trennung zwischen Meditation und »Leben« machen, dann wären vielleicht unterhaltsamere Formen der »Entspannung« interessanter. Meditation ist jedoch kein Selbstzweck – es geht weniger darum, wie man sich genau während dieser kurzen Übung fühlt, sondern ob die Übung einen Einfluss auf unser Leben hat. Vielleicht war die Übung, in der wir besondere Schwierigkeiten hatten, uns zu konzentrieren und uns tausendmal von abschweifenden Gedanken lösen mussten, viel wichtiger für die Entwicklung inneren Freiraums als die Übung, die sich besonders gut anfühlte. Nur wenn wir in unserem Alltag entspannter, zufriedener, gelassener und freundlicher werden, macht Meditation wirklich Sinn. Daher wäre es auch sinnlos, in Meditation extreme Geisteszustände wie völlige Gedankenleere anzustreben. Im Leben könnten wir ja nicht so viel damit anfangen. Wir liefen Gefahr, plötzlich keine Idee zu haben, wenn wir sie wirklich brauchen: Mattscheibe statt strahlender Frische und Kreativität.

Meditation ist für jedermann

Häufig begegnet mir auch die Vorstellung, Meditation sei nicht für jedermann, sondern nur für Menschen, die an sich schon ruhige Typen sind – so als gäbe es besonders meditative Menschen und Meditation wäre nur für sie gemacht. Obwohl diese Ansicht auf den ersten Blick verständlich erscheint, kann jeder, der es wünscht, Meditation erlernen. Jeder wird davon profitieren. Wie wir gesehen haben, geht es allein darum, mehr innere Stabilität und Ausgeglichenheit sowie mehr geistigen Freiraum zu entwickeln. Diese Fähigkeiten können jedem nutzen, unabhängig von Alter, Geschlecht, Kulturkreis oder Temperament. Ebenso höre ich häufiger die Befürchtung, ja manchmal Frustration, jemand könne nicht meditieren, weil der Geist einfach zu wild sei. Sobald man sich hinsetze und versuche, sich auf den Atem zu konzentrieren, begänne ein enormes inneres Geschwätz, ein unkontrollierbares Wirrwarr an Gedanken und Gefühlen, einem tosenden Wasserfall gleich. Das kommt Ihnen sicherlich bekannt vor, und es gibt zwei grundlegende Dinge dazu zu sagen.

Zum einen halte ich es für höchst unwahrscheinlich, dass dieser Wasserfall an Gedanken und Gefühlen plötzlich beginnt aufzubrausen, nur weil wir uns entschieden haben, mal eine Meditation auszuprobieren. Vielmehr funktioniert Meditation wie ein Vergrößerungsglas. Solange wir nicht hinschauen, merken wir gar nicht, wie wild unser Geist ist. In dem Moment, in dem wir unsere Aufmerksamkeit von der äußeren Sinnesüberflutung abwenden, stellen wir fest, was innen vor sich geht. Der Versuch, sich auf ein Objekt wie die Empfindungen beim Atmen zu konzentrieren, ist wie der Versuch, sich an einem Strauch oder einer Wurzel festzuklammern, während wir von dem tosenden Strom unser Gedanken und Gefühle flussabwärts getrieben werden. Anfangs scheint dies ein aussichts-

loses Unterfangen zu sein, doch ausgestattet mit etwas Gelassenheit und Vertrauen und einem inneren Schmunzeln über das eigene Innenleben, wird man feststellen, dass der tosende Wasserfall sich nach und nach beruhigt.
Die zweite Anmerkung, die ich hier gern machen möchte, betrifft die Frage, warum wir eigentlich meditieren wollen? Wären wir der fiktionale meditative Typ, dessen Geist in jedem Moment ruhig und entspannt ist und der in der Lage ist, innere Regungen und Vorstellungen mit heiterer Neugier kommen und gehen zu lassen, dann bräuchten wir Meditation wahrscheinlich nicht so sehr. Wir versuchen aber doch zu meditieren, weil wir nicht meditieren können! In manchen buddhistischen Meditationssystemen wird dieses Verständnis mit einem Wortspiel auf die Spitze getrieben, indem das Ziel aller Meditationspraxis als »Nicht-Meditation« oder »Nicht-Mehr-Lernen« bezeichnet wird. Wir üben uns darin, den Geist in einem natürlichen Zustand verweilen zu lassen, ein Zustand, in dem er sich in der gegenwärtigen Erfahrung völlig zu Hause fühlt und sich das ständige Abschweifen in Vergangenheit oder Zukunft beruhigt hat. Ist das erreicht, brauchen wir keine Anstrengung, keine Methode, um den Geist in diesen Zustand zu versetzen – wir sind schon da, ganz natürlich.

Das Gehirn in Meditation

Erste neurowissenschaftliche Studien liefern einen Hinweis darauf, wie sich zunehmende Meditationserfahrung in Richtung Nicht-Meditation oder Nicht-Anstrengung auch in Veränderungen der Gehirnaktivität niederschlägt. In einer Studie mit höchst erfahrenen Meditierenden zweier tibetisch-buddhistischer Schulen (der *Nyingma*- und der *Kagyü*-Schulen) wurden die Meditationsexperten anhand der Zeit, die sie in formaler Meditation verbracht haben, in zwei Gruppen unterteilt.

Die weniger erfahrenen Meditierenden hatten zwischen zehntausend und vierundzwanzigtausend Stunden in Meditation verbracht, die sehr erfahrenen zwischen siebenunddreißigtausend und zweiundfünfzigtausend Stunden. Geht man von acht Stunden Meditation pro Tag, einschließlich der Wochenenden, aus, so würden die durchschnittlich neunzehntausend Stunden der weniger erfahrenen Meditierenden einem Zeitraum von etwa sechseinhalb Jahren entsprechen. Die durchschnittlich vierundvierzigtausend Stunden der sehr erfahrenen Meditierenden entsprächen etwa fünfzehn Jahren. Bei einem Zwölf-Stunden-Tag hätten die weniger erfahrenen noch immer mehr als vier Jahre gebraucht und die sehr erfahrenen etwa zehn Jahre. Wie Sie sehen, haben wir es hier mit echten Meditationsprofis zu tun.
Während diese Probanden in einem funktionellen Kernspintomographen lagen, wurden sie gebeten, eine einfache Meditation, bei der sie sich auf ein visuelles Objekt ausrichteten, durchzuführen. Mithilfe dieses Tomographen war es möglich, Veränderungen der Gehirnaktivität zu messen, während die Probanden meditierten. In einem Netzwerk verschiedener Gehirnbereiche, das besonders daran beteiligt ist, einen aufmerksamen Bewusstseinszustand zu erhalten, war die Gehirnaktivität bei allen Probanden während der Meditation erhöht. Ein interessantes Muster ergab sich aber, als man die Gruppen miteinander verglich. Die erfahrenen Meditierenden hatten, wie zu erwarten, eine deutlich höhere Aktivität als die Anfänger. Überraschend war jedoch, dass die Gehirnaktivität der sehr erfahrenen Meditierenden deutlich geringer war als die der erfahrenen, sie war ähnlich der der Anfänger. Es scheint, als müssten die erfahrenen Meditierenden keine Anstrengung aufbringen und dieser Zustand der Nicht-Anstrengung oder Nicht-Meditation würde sich auch in Veränderungen der Gehirnaktivität abbilden.

Eine ganze Reihe an neurowissenschaftlichen und kognitionspsychologischen Studien hat in den letzten Jahren zu einem besseren wissenschaftlichen Verständnis der Prozesse, die während der Meditation ablaufen, beigetragen. Wie zu erwarten, sind die Befunde, die eine veränderte Hirnaktivität im Zusammenhang mit Aufmerksamkeitsprozessen nachweisen, bisher am deutlichsten. In Gehirnbereichen, die an diesen Prozessen beteiligt sind, zeigen sich spezifische Veränderungen der Aktivität bei erfahrenen Meditierern. Ebenso verändert sich eine Reihe von Gehirnwellen, die die rhythmisch-synchrone Aktivität im Gehirn abbilden, insbesondere Wellen, die mit der Aufmerksamkeit zusammenhängen, zum Beispiel der Gamma-Rhythmus, der mit einer Frequenz von etwa fünfunddreißig bis neunzig Hertz schwingt. Spezifische Veränderungen zeigen sich während der Meditation, aber auch als überdauernde Veränderungen und unterstreichen damit, dass Meditationspraxis Auswirkung auf das gesamte Leben und Erleben hat.
Meditation scheint zudem vor dem altersbedingten Abbau der Gehirnsubstanz zu schützen. Es ist allgemein bekannt, dass sich sowohl die Gehirnrinde als auch die graue Substanz – Bereiche, die vorrangig aus den Zellkörpern der Nervenzellen bestehen – mit zunehmendem Alter reduzieren. Verschiedene Studien konnten nachweisen, dass die Dicke der äußeren Hirnrinde von Meditierenden in einigen Bereichen auch bei zunehmendem Alter nicht verringert ist. Ähnliches zeigte sich auch bei Messungen der grauen Substanz.
Auswirkungen regelmäßiger Meditation zeichnen sich jedoch nicht nur in der Aktivität und Struktur des Gehirns ab, sondern sind auch in Verbesserungen von Wahrnehmungs- und Aufmerksamkeitsfähigkeiten nachweisbar. In einer unserer Studien schnitten Meditierende in Tests zur Verarbeitungsgeschwindigkeit und zur kognitiven Flexibilität deutlich besser ab als eine entsprechende Kontrollgruppe. Die Probanden füll-

ten zudem einen Fragebogen aus, der eine Selbsteinschätzung der Achtsamkeit im Alltag beinhaltet. Je höher sie ihre eigene Achtsamkeit einschätzten, umso besser schnitten sie auch in den verschiedenen Leistungstests ab. Studien zur emotionalen Verarbeitung zeigen weiterhin eine Verringerung von depressiven Neigungen und ständigem Gedankenkreisen durch Meditation, was möglicherweise mit veränderter Aktivität im medialen präfrontalen Kortex in Verbindung steht, einem Gehirnbereich, der unter anderem mit dem Aufrechterhalten unserer Ich-Vorstellungen zu tun hat.
Wenn auch die meisten dieser Befunde noch genauerer Untersuchung bedürfen, zeigt sich doch schon recht deutlich, dass regelmäßige Meditationspraxis zu Veränderungen im Gehirn, im Erleben und im Verhalten führt. Fast einem Muskel vergleichbar verändert sich das Gehirn, wenn wir bestimmte Abläufe häufig genug wiederholen.

Übung: Wie achtsam bin ich?

In vielen Studien wird versucht, mittels Fragebogen zu erfassen, wie achtsam Personen in ihrem Alltag sind. Man geht davon aus, dass jeder Mensch über sein eigenes, grundlegendes Maß an Achtsamkeit verfügt, unabhängig davon, ob er jemals den Begriff gehört hat oder mit Achtsamkeitsübungen vertraut ist. Hier eine Kurzform eines Fragebogens, der in ähnlicher und meist ausführlicherer Form in der Forschung verwendet wird. Sie können so Ihre Achtsamkeit testen.
Es folgen verschiedene Aussagen über Ihr alltägliches Erleben. Bitte schätzen Sie auf einer Skala von 1 bis 6 ein, wie häufig Sie diese Erfahrungen haben.

1	2	3	4	5	6
fast immer	sehr häufig	häufig	selten	sehr selten	fast nie

Ich jage durch meine Aktivitäten, ohne wirklich aufmerksam zu sein.	
Normalerweise bemerke ich Gefühle oder körperliche Verspannungen erst, wenn sie wirklich auf sich aufmerksam machen.	
Ich bin so sehr auf das ausgerichtet, was ich erreichen will, dass ich kaum mitbekomme, was ich gerade tue.	
Die meiste Zeit drehen sich meine Gedanken um Vergangenheit oder Zukunft.	
Ich zerbreche oder verschütte Dinge aus Achtlosigkeit, weil ich nicht aufpasse oder an etwas anderes denke.	
Ich esse, ohne mir wirklich bewusst zu sein, was ich esse.	
Ich habe wenig Geduld mit mir und meinen Mitmenschen.	
Wenn ich etwas tue, dann schweift mein Geist ab und ich bin abgelenkt.	

Nun können Sie die Werte, die Sie den einzelnen Aussagen zugeordnet haben, aufsummieren. Haben Sie einen Gesamtwert von 28 oder weniger erreicht, dann würden Sie als weniger achtsam gelten, bei 29 oder mehr wären Sie eher achtsam. Ein Wert über 40 würde anzeigen, dass Sie über ein recht hohes Maß an Achtsamkeit verfügen.

Die Macht der Gewohnheit

Bisher habe ich davon geredet, wie man Achtsamkeit »verwendet«, als wäre es eine Methode oder ein Werkzeug, das sich an- und abschalten ließe. Als erste Annäherung ist eine solche Beschreibung nützlich, sie erfasst aber die dahinterliegende Idee nicht vollständig. Letztendlich handelt es sich nicht um eine Technik, die man »im Notfall« anwendet, sondern eher um eine Lebenseinstellung oder sogar eine Erlebenseinstellung. All die Meditations- und Achtsamkeitsübungen zielen weniger darauf ab zu verändern, *was* wir erleben, sondern darauf, *wie* wir erleben. Dies macht buddhistische Meditationsübungen so praktisch und so breit verwendbar. Sie sind an keinerlei Dogma oder Weltsicht gebunden, sondern können von jedermann verwendet werden, der gern deutlicher erfahren möchte, wie er erlebt, und zudem den inneren Freiraum schaffen möchte, um sein Leben und Erleben bewusster zu steuern.

In den indischen Sprachen *Pāli* und *Sanskrit*, in denen viele der ursprünglichen Aussagen Buddhas festgehalten wurden, findet man den Begriff *bhāvanā*, der üblicherweise als »Meditation« übersetzt wird. Wörtlich bedeutet er jedoch eher »kultivieren« oder »pflegen«. Wir können dies so verstehen, dass durch Meditation eine achtsame, heilsame Lebensweise kultiviert wird. Grundlegend schwingt hier die Idee von Gewohnheit mit, und so geht es bei Meditation auch darum, eine neue Gewohnheit im eigenen Erleben zu verankern. Und wie wir gesehen haben, scheinen auch Veränderungen im Gehirn den Aufbau solch neuer Gewohnheiten zu bestätigen. Begleitet wird dies aber auch von einem Abbau alter, weniger nützlicher Gewohnheiten. Achtsamkeit hilft uns, sinnlose Gewohnheiten bei uns selbst zu erkennen, und schafft den inneren Raum, frei zu wählen, ob wir uns in gewohnter Weise verhalten wollen.

Denken wir an Gewohnheiten, präsentiert sich automatisch

auch ein praktischer Zugang zur Meditation. Die Gewohnheit, achtsam zu sein, lässt sich entwickeln, indem wir diese Erlebensweise durch regelmäßige Wiederholung üben und so nach und nach zu etwas Gewohntem machen, das automatisch abläuft und keiner zusätzlichen Energie bedarf. Viele Programme zur Entwicklung von Achtsamkeit versuchen, in relativ kurzer Zeit Großes zu vollbringen, die Teilnehmer sind gewöhnlich aufgefordert, täglich fünfundvierzig Minuten bis zu einer Stunde mit Meditationsübungen zu verbringen. Das ist wundervoll und funktioniert sicherlich gut, solange sich die Leute in dem Rahmen einer Klinik befinden, denn für dieses Umfeld wurden solche Achtsamkeitsprogramme entwickelt. Aus meiner Erfahrung ist es jedoch unwahrscheinlich, dass viele Menschen in ihrem Alltag ohne Weiteres diese Zeit zur Verfügung haben. In meinen eigenen Kursen rate ich den Teilnehmern, täglich zehn bis fünfzehn Minuten für formale Übungen zu finden, und bisher sind die Ergebnisse sehr überzeugend.

Wie für alle Gewohnheiten spielt die Regelmäßigkeit die entscheidende Rolle. Das Sprichwort »Steter Tropfen höhlt den Stein« passt hier wirklich bestens. Es ist auch schwierig, wenn nicht unmöglich, fehlende Regelmäßigkeit irgendwie gutzumachen. Statt zehn Minuten täglich zu üben, einmal im Monat einen ganzen Sonntag dafür zu verwenden, scheint rechnerisch aufzugehen, wird aber nicht so gut funktionieren. Mein guter Freund Manfred Seegers, eine wandelnde Enzyklopädie in Sachen buddhistischen Wissens, kommentierte eine solche Idee mit der Aussage: »Das ist keine Meditation, das ist ein Anfall!« Wir werden längere Zeitspannen kaum wirklich nutzen können, wenn wir die Gewohnheit, den Geist in entspannter Achtsamkeit verweilen zu lassen, nicht durch regelmäßige Übungen aufgebaut haben.

Beginnt man in Meditation und mit etwas Übung auch im Alltag, die eigenen gewohnheitsmäßigen Tendenzen zu beobachten, so ist es nicht unwahrscheinlich, auf eine sehr grundlegende Gewohnheit zu stoßen: den häufig unbewussten Impuls, auftauchende Erlebnisse zu bewerten. In den meisten Situationen wissen wir sofort, ob wir etwas mögen oder nicht: angenehm/unangenehm, mag ich/mag ich nicht, da müssen wir nicht lange überlegen. Wird uns dieser ständig ablaufende Prozess in Meditation plötzlich deutlich, so wäre es keine Seltenheit, dass wir wiederum unser ständiges Bewerten bewerten. Wir sind frustriert, dass wir noch immer in Mögen und Nicht-Mögen unterscheiden, selbst wenn wir in aller Ruhe zu Hause sitzen, um zu meditieren. Beobachtet man dieses innere Treiben für eine Weile und stellt fest, wie sehr es unser Leben durchdringt, kann man eigentlich nur noch schmunzeln. Mit etwas gelassenem Humor kann man das innere Disneyland beobachten. Schafft man es, nicht einzugreifen, dann beruhigt sich der tosende Fluss der Gedanken und Gefühle und wird zu einem majestätisch dahinfließenden Strom.

Die Fähigkeit, sehr schnell zu entscheiden, ob etwas bedrohlich ist oder nicht, wird in freier Wildbahn sicherlich von Vorteil sein. In unserem weniger gefährlichen, aber komplexeren Leben hat es jedoch den Nachteil, dass wir uns häufig schon festgelegt haben, bevor wir eine Situation überhaupt vollständig erfasst haben. Von diesem Moment an erleben wir nicht mehr, was wirklich da ist, da alles von unserem Mögen und Nicht-Mögen eingefärbt ist.

Da in Büro, Familie oder Freundeskreis weder Flucht noch Angriff angesagt sind, helfen angeborene Überlebensstrategien wenig. Was wir als bedrohlich erleben, löst Stressreaktionen aus, die chronisch werden und damit zu einer Reihe physischer und psychischer Probleme beitragen können. In dem späteren Kapitel über den Umgang mit Schwierigkeiten werden wir uns derartige Stressreaktionen noch etwas genauer anschauen. An dieser Stelle sei nur kurz erwähnt, dass Achtsamkeit uns hilft, die automatischen Bewertungen abzuschwächen oder gar aufzulösen, wodurch mögliche Stressoren untergraben werden und sich ihr Einfluss auf unser Wohlbefinden verringert. Wird eine Situation als weniger bedrohlich empfunden, bleiben wir entspannt, und die üblichen, ungesunden Stressreaktionen treten weniger häufig auf.

Meditation schafft also die Gewohnheit, sich in einer anderen, weniger voreingenommenen Weise auf unsere Erfahrungen zu beziehen. Das damit verbundene verfeinerte Erleben innerer und äußerer Abläufe und Situationen können wir auf alle Erlebnisbereiche, die uns interessieren, anwenden.
Innerhalb des buddhistischen Lehrsystems gibt es zudem ganz konkrete Ratschläge und Anleitungen, welche Bereiche unseres Lebens von besonderer Bedeutung sind, auf welche Aspekte wir unsere verfeinerte Wahrnehmung ausrichten, um ein erfüllteres, bedeutungsvolleres Leben zu erreichen. Als eines der wichtigsten Themen wird hier Glück und der Wunsch nach Glück genannt.
Wie ich im Kapitel über buddhistisches Glück schon ausgeführt habe, kann ein genaues unvoreingenommenes Beobachten unserer Vorstellung von Glück und unseres Strebens danach zu tiefen Einsichten führen. Dehnen wir unsere Perspektive noch ein wenig und beziehen unsere Mitmenschen in unsere Betrachtung ein, so zeigt sich etwas sehr Bedeutendes: Jeder Mensch wünscht glücklich zu sein. Zugegeben, das mag zunächst nach einer banalen Aussage klingen. Doch schauen wir etwas genauer nach, ändert sich dies schnell. Wir finden etwas sehr Grundlegendes, das alle Menschen teilen. Jenseits von Kultur, Religion, Geschlecht, Gesellschaftsschicht, Alter, Persönlichkeit, Lebenserwerb, Kleidung oder was uns sonst unterscheiden mag, gibt es diese Gemeinsamkeit. Ist es nicht interessant, dass wir uns im Umgang

mit anderen Menschen fast ständig mit dem beschäftigen, was uns unterscheidet, aber höchst selten mit dem, was uns gemeinsam ist? Wie leicht ist es zu sehen, was jemand verkehrt gemacht hat, wie schwierig aber, den dahinterliegenden Wunsch zu erkennen: glücklich zu sein!

Fügen wir der Gleichung noch eine weitere Variable hinzu, wird es noch interessanter. Richten wir unsere Achtsamkeit nun auf die verschiedenen Eigenschaften unserer Mitmenschen aus, so stellen wir fest, dass diese keine wirkliche, unabhängige Existenz haben, dass sie weniger wirklich und bindend sind, als wir denken. Nehmen wir als Beispiel, dass jemand etwas ungeschickt in seiner verbalen Kommunikation ist und seine Aussagen ein bisschen ungehobelt oder roh erscheinen. Eine übliche Reaktion darauf wäre, diese Person als »ungehobelt und roh« abzustempeln, ihr diese Eigenschaften zuzuschreiben. Beobachten wir aber, was diese rohe Ausdrucksweise genau ist, dann zerfällt sie in viele Teile, vielleicht eine etwas unschöne Satzmelodie, eine etwas schräge oder einfache Wortwahl, womöglich ist die Aussprache nicht gut mit der Atmung synchronisiert und erscheint abrupt und impulsiv. Was uns ungehobelt erscheint, lässt sich in unterschiedliche Anteile zerlegen – so etwas wie »roh und ungehobelt« ist also eigentlich nur unsere Zuschreibung und nicht eine wirklich auffindbare Eigenschaft der Person.

Eine andere Zugangsweise wäre zu schauen, worauf eine beobachtete Eigenschaft beruht. Obwohl es vermutlich schwierig ist, dies in jedem Detail zu klären, kann man trotzdem deutlich sehen, dass die Art und Weise, wie im Elternhaus kommuniziert wurde, die Gelegenheiten sich in geschickter Ausdrucksweise zu erproben, der Umgangston unter den Freunden, mit denen man aufgewachsen ist, und eine Vielzahl anderer Lebenserfahrungen dazu beigetragen haben, wie sich jemand heute ausdrückt. Hinter jedem dieser Einflussfaktoren liegt wieder ein ganzes Universum an Ursachen und Bedingungen, was sich in unendlicher Weise fortsetzt. Des Weiteren spielt natürlich die Situation, in der sich ein Verhalten zeigt, eine wichtige Rolle. Vielleicht war etwas, das wir gesagt haben, Auslöser unangenehmer Erinnerungen, die unser Gegenüber in seinen Antworten beeinflusst haben? Eigenschaften, die wir anderen Personen zuschreiben, sind demnach wirklich nicht mehr als Zuschreibungen. Sie zeigen sich uns aufgrund eines unendlichen Geflechts an verschiedenen Umständen und Bedingungen in genau dieser Weise.

Unsere Gewohnheit, ständig ein bekanntes Muster, einen Sinn zu sehen, ist jedoch ungemein stark. Sicherlich kennen Sie alle das Phänomen, in die Wolken zu schauen und plötzlich bestimmte Formationen in ihnen zu erkennen. Wir müssen uns nicht dazu zwingen, Form und Bedeutung in etwas zu sehen, selbst wenn wir genau wissen, dass eine derartige Bedeutung dort nicht vorhanden ist: Tiere, Gesichter und andere Figuren erscheinen fast von selbst, sobald wir auf eine unbestimmte Form blicken.

Können wir das ständige Wirken dieser Gewohnheit in achtsamer Weise beobachten, kann dies eine befreiende Wirkung haben. Einerseits löst das verwobene Zusammenspiel und die unendliche Vernetzung verschiedenster Einflussfaktoren an sich schon Staunen aus. Es macht aber auch deutlich, dass es gar nicht so viel Sinn macht, sich ausschließlich auf die eigenen Zuschreibungen zu verlassen. Ist es nicht viel spannender, den Menschen hinter all unseren Ideen und Vorstellungen zu sehen? Ist es nicht zutiefst verbindend, dass wir alle – trotz der unterschiedlichsten Lebensgeschichten – eigentlich genau das gleiche wollen, nämlich Glück?

Der universell in allen Menschen vorhandene Wunsch nach Glück verbindet uns grundlegend. Schaut man noch etwas genauer nach, finden sich weitere universelle Qualitäten. Neben dem Wunsch nach Glück ist auch die Fähigkeit des Erlebens, im Buddhismus häufig Klarheit des Geistes genannt, etwas, was uns allen gemein ist. Die Bedeutung dieser Klarheit des Geistes ist nicht zu unterschätzen. Treten die Inhalte des Erlebens etwas in den Hintergrund und scheint dadurch die stets vorhandene Erlebnisfähigkeit stärker durch, so zeigen sich spontan weitere geistige Qualitäten, mit denen wir uns im nächsten Kapitel etwas genauer beschäftigen werden.

Kommen wir aber abschließend nochmals auf die Wortbedeutung von »Meditation« zurück. Die Tibeter verwendeten für Meditation häufig den Begriff *gom*, was in etwa »sich an etwas gewöhnen« oder »sich mit etwas vertraut machen« bedeutet. Dies kann in leicht unterschiedlicher Weise verstanden werden, aber eine Bedeutung ist, dass man sich in Meditation grundlegend mit positiven geistigen Eigenschaften, der eigenen Buddhanatur, vertraut macht. So verstanden ginge es gar nicht darum, etwas Neues zu kultivieren oder heranzuziehen, sondern darum, schon vorhandene Qualitäten zu entdecken und dann zur vollen Reife zu bringen.

Ähnlich sehe ich auch den Weg ins *Flourishing*. Es geht darum, die uns innewohnenden Qualitäten zu erwecken, die zarte Knospe, deren bevorstehende Fülle man kaum erahnen kann, zum vollen Erblühen zu bringen. So können wir *Flourishing* auf sozialer, psychologischer und spiritueller Ebene verwirklichen und ein bereicherndes zwischenmenschliches Verhalten, geistige Ausgeglichenheit und Weisheit in unser Leben bringen.

Meditation bedeutet daher letztendlich, die Gewohnheit zu entwickeln, dem uns innewohnenden geistigen Reichtum zu vertrauen und dies in freudvoller Weise zum Wohle unserer Mitmenschen zum Ausdruck zu bringen.

Das Verwirklichen menschlicher Qualitäten

Viele der positiven Erfahrungen, die unseren Weg ins *Flourishing* bereiten können, manifestieren sich von selbst, wenn wir unser Leben mit einer achtsamen Einstellung unterlegen. In den folgenden Kapiteln werden wir uns etwas genauer anschauen, wie wir – zusätzlich zur Meditationspraxis – dazu beitragen können, unseren inneren Reichtum immer deutlicher zu erfahren und unser Leben mit mehr Sinn und Freude zu erfüllen.

Überpersönliche Qualitäten

Es gibt Menschen, die uns spontan begeistern, die durch ihre Ausstrahlung oder ihre uneigennützige Tätigkeit zum Wohle anderer Menschen breite Anerkennung finden. Uns allen sind Beispiele wie Mahatma Gandhi, Nelson Mandela, Florence Nightingale oder der Dalai Lama wohl bekannt. Sie erfreuen sich weltweiter Achtung, weil sie Werte verkörpern, die jenseits von Kultur, Zeitgeist, Gesellschaftsordnung, materiellem Wohlstand oder politischer Ausrichtung von der Menschheit geteilt werden. Unser Herz öffnet sich, wenn jemand derartige Werte ins Leben bringt und in überzeugender Weise kraftvoll ausdrückt. Solch positive Leitbilder können uns in unserem gesamten menschlichen Sein berühren. Sie erwecken in uns ein tief verwurzeltes Wissen, was wahr und von letztendlicher Bedeutung ist. Wir sind von den Werten solcher Persönlichkeiten überzeugt, ohne dass es weiterer Begründungen bedarf. Daher sind Menschen, die besondere Qualitäten verwirklicht haben und zum Ausdruck bringen, von großer Bedeutung. Dies gilt nicht nur für die Persönlichkeiten, deren Aktivität weltverändernde Wirkung hat, sondern auch in alltäglicheren Situationen. Vermutlich ist es vielen Menschen so gegangen, dass sie in Schule und Universität dann am besten gelernt haben, wenn sie von einem Lehrer begeistert waren. Ist jemand in der Lage, uns durch seine Augen schauen zu lassen und uns ein wenig an dem eigenen Enthusiasmus teilhaben zu lassen, können wir uns leichter als sonst üblich für ein Thema öffnen und lernen so auch mehr. Ebenso können uns virtuose Musiker oder überzeugende Sportler für eine Sportart oder ein Musikinstrument begeistern. Und obwohl wir vielleicht selbst weder ein weltberühmter Virtuose noch ein Goldmedaillenkandidat sein werden, zeigt uns die Aktivität dieser Experten eine Facette der menschlichen Möglichkeiten und bereichert so unser Leben. Durch das Wirken dieser Vorbilder lernen wir eine Vielfalt menschlicher Eigenschaften schätzen, sei es die Energie, Beharrlichkeit und Ausdauer eines Athleten, die frische Freude eines Liebespaares, tiefgründige, mitfühlende Lebensweisheit oder die Entschlossenheit, alles für das Wohl anderer einzusetzen. Ein Akt des selbstlosen Mitgefühls oder eine Heldentat, bei der jemand in der Lage ist, seine eigenen Wünsche und Bedürfnisse zurückzustellen, öffnet zu allen Zeiten und in allen Kulturen die Herzen. Ein tiefgründiges Erfahrungswissen, das eine weite Vorausschau mit dem Wunsch verbindet, nachhaltigen Nutzen und Gerechtigkeit für die gesamte Gemeinschaft zu bringen, zeichnet in allen humanen Kulturen der Welt wirkliche Weisheit aus.

Dass es derartige allgemein anerkannte Werte und Qualitäten gibt, weist auf unser grundlegendes menschliches Potenzial hin. Berühmte Persönlichkeiten, Helden und *role models* können uns durch ihr Wirken einen Geschmack von den Möglichkeiten unseres Daseins geben und uns dazu inspirieren, unseren eigenen Bedingungen entsprechend etwas davon in unserem Leben auszuprobieren und umzusetzen. Die Allgegenwart von Mode-, Pop-, Sport- oder Fernsehstars macht deutlich, wie mächtig dieses Prinzip ist und wie sehr es unser Leben und die Sicht, die wir von uns selbst und anderen haben, beeinflussen kann. Ganze Industriezweige hängen davon ab, dass in dieser Weise regelmäßig neue Modetrends gesetzt und verbreitet werden. Leider scheint es auch so zu sein, dass verschiedene psychische Störungen, insbesondere Essstörungen, mit dem medial vermittelten Körperideal zusammenhängen. Und es dünkt mich auch fraglich, wie viel man aus den Memoiren eines einundzwanzigjährigen Fußballers lernen kann. Obwohl unsere Identifikations- und Begeisterungsfähigkeit offensichtlich missbraucht werden kann, kann sie natürlich auch in guter Weise nützlich gemacht werden. Die Schlussfolgerung aus solchen Negativbeispielen kann ja nicht sein, uns für nichts und niemanden zu begeistern. Wir sollten nur genauer hinschauen, für welche Werte wir uns öffnen wollen. Wiederum sind wir bei der Kernfrage angelangt, welches Glück wir wollen!

Die Fähigkeit, sich durch Vorbilder inspirieren zu lassen, wird in einigen sehr ermutigenden Initiativen in sinnvoller Weise eingesetzt. So bemüht sich das Projekt *learning for life* darum, durch verschiedene Programme sowie Online-Materialien die Entwicklung menschlicher Werte wie Verantwortungsgefühl, Ehrlichkeit oder Großzügigkeit bei Schulkindern und jungen Menschen zu fördern. Die Identifikation mit Vorbildern wird dabei als ein wichtiger Zugang verwendet. Ein anderes Beispiel ist das deutschlandweite Projekt »Moderne Helden«, das es sich zur Aufgabe gemacht hat, überpersönliches Handeln einzelner Personen und Projekte in Buchform und im Internet darzustellen und damit auch zu weiteren derartigen Projekten anzuregen.

Wie nicht anders zu erwarten, spielen überpersönliche Werte und geistige Qualitäten auch in buddhistischen Meditationssystemen eine zentrale Rolle. So wird in den Erklärungen zur Buddhanatur ein ganzer Katalog an geistigen Eigenschaften beschrieben. Dabei wird besonders betont, dass uns diese unwiderruflich innewohnen und es nur darum geht, sie mittels Meditation, Reflektion und entsprechendem Handeln auch im eigenen Leben zu erkennen. Diese zutiefst positive Sicht des menschlichen Wesens erweckt das Vertrauen, Qualitäten, die uns in überzeugenden Beispielen begeistern, auch selbst verwirklichen zu können.
Eines der wichtigsten Werke zu diesem Thema ist ein Text mit dem Titel *uttara tantra śāstra*, der im 4. Jahrhundert von dem indischen Meister Asanga verfasst wurde. Übersetzt wird dieser Titel gewöhnlich als »Abhandlung über die tiefgründige Kontinuität« oder auch als »Unveränderliches Wesen« (*changeless nature)*. Anhand verschiedener Bilder wird dort die unveränderliche Natur geistiger Eigenschaften zum Ausdruck gebracht und betont, dass es nur der Anwendung der richtigen Methoden bedarf, sie auch zu verwirklichen. So werden die Eigenschaften mit einem unermesslichen Schatz verglichen, der unentdeckt unter dem Haus eines armen Mannes vergraben liegt, mit Getreidekörnern, die in ihrer Hülse versteckt sind oder mit Honig in einem Bienenstock. Diese Bilder verdeutlichen, was nötig ist, um unseren inneren Reichtum zu entdecken. Zu allererst müssen wir wissen, dass wir auf einem Schatz sitzen, wir müssen die richtigen Methoden kennen, um das Korn aus der Hülle zu befreien, oder den Mut und die Geschicklichkeit aufbringen, trotz der Gefahren eines Bienenschwarms an den Honig zu gelangen. Der Text listet zudem einen ganzen Katalog besonderer Eigenschaften auf, die Lama Ole in sehr zugänglicher Weise als furchtlose Unerschütterlichkeit, nicht-bedingte Freude, Mitgefühl, das sich in unter-

schiedlichen Aktivitäten zeigt, sowie verschiedene Formen der Weisheit zusammenfasst.

Wiederum hält unsere Sprache einen Schlüssel zum Verständnis dieser Eigenschaften bereit. Wird Mitgefühl in furchtloser Weise zum Wohle anderer aktiv, wird dies häufig als »selbstloses Verhalten« bezeichnet. Mit anderen Worten zeigen sich diese Qualitäten, wenn wir *nicht* an uns *selbst* denken und wirklich das Wohlergehen und den Schutz anderer in den Vordergrund stellen. Vergisst man, an sich selbst zu denken, werden Heldentaten möglich! Befinden wir uns im Fluss des Geschehens und erleben uns nicht als ein isolierter Fremdkörper, zeigt sich unsere intuitive Weisheit, wir erfassen ohne große theoretische Überlegungen die Gesamtsituation und drücken uns ganz natürlich in richtiger Weise aus. Können wir uns wirklich für unser Gegenüber öffnen, ohne an eigenen Vorstellungen und Ideen festzuklammern oder uns selbst besonders wichtig zu nehmen, werden unsere Ratschläge häufig viel nützlicher und überzeugender sein. Wenn wir uns in unserem Leben und Erleben frei von Erwartungen und Befürchtungen wirklich zu Hause fühlen, erwacht eine tiefgründige Freude und Zufriedenheit, die keiner äußeren Anreize oder Begründungen bedarf.

Vielleicht haben wir auch die Erfahrung gemacht, in einer kritischen Situation plötzlich völlig furchtlos und effektiv zu handeln. Vielleicht waren wir im dichten Verkehr kurz vor einem Unfall, und ohne weiteres Nachdenken waren wir fähig, die Kontrolle über das Fahrzeug zu wahren und uns aus der Situation herauszumanövrieren. Oder wir kamen an eine Unfallstelle und eine verletzte Person bedurfte unserer Hilfe. Trotz Chaos, offener Wunden und rinnendem Blut wahrten wir einen kühlen Kopf und handelten in effektiver Weise. Im Nachhinein mögen wir uns fragen, wie so etwas möglich war. Obwohl wir nie vorher mit einer derartigen Situation konfrontiert waren, wussten wir genau das Richtige zu tun. Viele bemerken in solchen Momenten, wie das eigene Erleben plötzlich sehr klar wird. In manchen Fällen erscheint es, als wenn die gesamte Szene in Zeitlupe abläuft. Wenn wir wirklich gefordert sind und keine Zeit für Hoffnungen, Befürchtungen oder theoretische Analysen haben, zeigen sich unerwartet unsere wirklichen Qualitäten und Fähigkeiten, die normalerweise von unseren Alltagsvorstellungen, Wünschen und Erwartungen überlagert sind. Ich habe von vielen Menschen ähnliche Geschichten gehört, die deutlich machen, wie sich Furchtlosigkeit, natürliche Freude, aktiv handelndes Mitgefühl sowie verschiedene Formen der Weisheit in unerwarteter Weise zeigen, wenn wir uns selbst vergessen und uns im Fluss des Erlebens befinden.

Sie mögen sich fragen, ob es möglich ist, diesen menschlichen Qualitäten wirklich zu vertrauen. Ich selbst habe aus verschiedenen Gründen mittlerweile keinerlei Zweifel mehr. Doch die Entwicklung dieses Vertrauens braucht Zeit und lässt sich nicht einfach »anschalten« oder übers Knie brechen. Soll es uns eine verlässliche Sicherheit geben, müssen wir es heranwachsen lassen. Gut' Ding braucht Weile. Wir benötigen nur die Offenheit und das Interesse, genau hinzuschauen und aus den Erfahrungen zu lernen.

Ich bin zutiefst dankbar, einigen Menschen begegnet zu sein, die diese überpersönlichen Qualitäten in hohem Maße verwirklicht haben. Es sind Menschen, für die es keine der genannten Extremsituationen bedarf, sondern bei denen Freude, Mitgefühl und Furchtlosigkeit in ganz natürlicher Weise im Alltag mitschwingen. Und obwohl es sich um recht unterschiedliche Persönlichkeiten handelt, die aus verschiedenen Kulturen stammen, die jung oder alt, männlich oder weiblich sind, sind es doch immer wieder ähnliche Eigenschaften, die sie verkörpern.

Das für mich beste Beispiel allumfassender, fast mütterlicher Liebe war der große buddhistische Lama Lopön Tsechu Rinpoche, der leider im Jahr 2003 verstorben ist. Obwohl er als die Schlüsselfigur für den Zusammenhalt der buddhistischen Schulen in Nepal und dem gesamten Himalajaraum galt, Freund und Ratgeber vieler einflussreicher Persönlichkeiten in Asien und Europa war und eine Vielzahl umfangreicher buddhistischer Projekte beaufsichtigte, habe ich nie einen Menschen getroffen, der mehr Bescheidenheit ausstrahlte als er. In seiner Gegenwart hatte ich stets das Gefühl, seine volle Aufmerksamkeit und Liebe zu besitzen, als wäre mein Glück von allerhöchster Wichtigkeit für ihn und das Einzige, was wirklich Bedeutung habe. Diese Erfahrung war weder eingebildet noch persönlich, denn die meisten Menschen, mit denen ich sprach, erlebten etwas sehr Ähnliches. Hier zeigten sich überpersönliche Liebe und wirkliches Mitgefühl in perfekter Weise ausgedrückt.

Vergleichbar überzeugende Erfahrungen konnte ich mit dem jungen 17. Karmapa, Trinley Thaye Dorje, machen. Der Karmapa ist das Oberhaupt der *Karma-Kagyü*-Schule, einer der Hauptrichtungen des tibetischen Buddhismus. Ein Markenzeichen der Karmapas ist, dass sie in vielen Fällen ihre nächste Geburt vorhersagen und so die Fortführung ihrer Tradition sicherstellen. Dies haben sie seit dem Ende des 12. Jahrhunderts erfolgreich getan. Ich kenne den Karmapa schon seit 1994, kurz nach seiner Flucht aus Tibet nach Indien, die Freunde unter Gefahr für ihr eigenes Lebens und das Leben ihrer Familien organisierten. Seine erste offizielle Veranstaltung in Europa fand zu Beginn des Jahres 2000 in Düsseldorf statt. Als damals sechzehnjähriger Jugendlicher leitete er in höchst beeindruckender und überzeugender Weise ein mehrtägiges spirituelles Programm für etwa sechstausend Besucher aus aller Welt an. Seine ungewöhnliche menschliche Reife,

Umsicht und Souveränität berührte alle zutiefst. Seither erfreuen sich seine europäischen Schüler seiner regelmäßigen Besuche, und obwohl er von sich selbst sagt, dass er sich noch in Ausbildung befinde, ist er in der Lage, mit seiner Weisheit und seinem Mitgefühl Tausende von Menschen zu berühren und zu einem erfüllteren Leben zu inspirieren. In seinem Buch »The Buddha meets Socrates« lässt uns der US-amerikanische Philosophieprofessor Harrison Pemberton in einfühlsamer, persönlicher Weise an seinem philosophischen Austausch mit Karmapa teilhaben und so einen Einblick in die geistige Klarheit und das allgegenwärtige Mitgefühl dieses jungen Mannes bekommen. Im Sommer 2009 hatten wir das außerordentliche Glück, Karmapa in kleinem Kreise in Liverpool zu begrüßen. Besonders beeindruckend war für mich, mit welcher Leichtigkeit er den anwesenden Freunden begegnete und so jedes Gefühl von Trennung durch Kultur oder Rang auflöste. Das bleibende Gefühl der Anwesenden war, einen langjährigen, nahen Freund getroffen zu haben, mit dem man schon viel geteilt hat und der sich in völlig natürlicher Weise für unser Leben interessiert. Noch Wochen, ja Monate später fühlten sich viele Freunde von seinem Besuch inspiriert.

Obwohl sie weniger im Rampenlicht stand als andere buddhistische Lehrer, gilt Hannah Nydahl für mich und für viele andere als überzeugendes Beispiel tiefgründiger, liebevoller Weisheit. Leider verstarb sie 2007 viel zu früh im Alter von nur sechzig Jahren. Zu Recht wird Hannah als »Mutter des Buddhismus« bezeichnet, genoss sie doch sowohl in Asien als auch Europa aufgrund ihres enormen Wissens, ihrer Güte und ihrer beide Kulturen und Kontinente umfassenden Aktivität uneingeschränkte Wertschätzung und Anerkennung. Begegnungen mit Hannah waren stets sehr besonders. Ihre beruhigende Ausstrahlung und klare Weisheit war allgegenwärtig, und in ihrer Nähe hatte man häufig das Gefühl, die Zeit bliebe stehen. Ihre Einsicht war so tiefgründig, dass sie Fragen oft jenseits unseres eigenen oberflächlichen Verständnisses beantwortete. In manchen Fällen bestand ihre Antwort auch nur aus einem feinen Lächeln, das mehr als Bände sprach.

Hannahs Weisheit, verbunden mit der freudvollen, unermüdlichen Tatkraft ihres Ehemannes Lama Ole Nydahl, sind die Grundlage der Entwicklung eines enormen Netzwerkes an Meditationszentren des Diamantweges in der gesamten Welt. Möchte man einen Schuss Inspiration für aktiv tätiges Mitgefühl bekommen, so kann ich nur empfehlen, das Wirken Lama Oles etwas genauer zu beobachten. Ich kenne niemanden außer ihm, der so unermüdlich Tag für Tag, Nacht für Nacht, Woche für Woche und Jahr für Jahr für alle zugänglich ist, die einen Wunsch oder eine persönliche Frage haben. Eines der jüngsten Beispiele, das ich persönlich erlebt habe, ergab sich während eines Meditationskurses zur Jahreswende in Hamburg. Nach Vortrag und Meditation stand Lama Ole allen Interessierten für persönlichere Fragen zu ihrem Leben und ihrer Meditationspraxis zur Verfügung. Mehrere Stunden lang saugte ich, wie viele andere auch, die positive Atmosphäre in mich auf, aber in den frühen Morgenstunden, um etwa drei Uhr, entschied ich mich schlafen zu gehen. Als ich aufbrach, zählte die Schlange derer, die auf ein Gespräch mit dem Lama warteten, noch immer in die Hunderte. Und am nächsten Tag hörte ich, dass er bis zum nächsten Vormittag um halb zehn ununterbrochen Gespräche mit seinen Schülern geführt hat. Nur wenige Stunden später war er dann in dem vollen Programm des neuen Tages engagiert.

Doch diese unermüdliche Aktivität ist nicht auf seine direkten Schüler begrenzt. Ich hatte mehrmals die Gelegenheit, für längere Zeit mit ihm zu reisen, und was mich besonders fasziniert, ist die Fähigkeit des Lamas, jede Situation in bestmöglicher Weise zu nutzen, stets das Wohlergehen der Menschen um sich herum im Auge habend. Geschichten seiner Aktivität sind endlos – aber eine eigentlich sehr einfache erinnert mich immer wieder daran, mein Leben sinnvoll zu nutzen. Ich glaube, es war im Jahr 1996, als wir gemeinsam durch die Balkanländer reisten und gerade auf dem Bahnhofsvorplatz in Bulgariens Hauptstadt Sofia ankamen. Nach sehr kurzer Zeit kam, wie damals üblich, eine recht junge Zigeunerin mit einem vielleicht sechsjährigen Kind neben sich und einem Baby im Arm auf unsere Reisegruppe zu, um zu betteln. Das ist eine Situation, die man auf Reisen immer wieder erlebt, und es ist nicht immer leicht zu entscheiden, wie man sich in bester Weise verhält. Lama Ole tat Folgendes: Er rief seinen Übersetzer herbei und erklärte dann der Frau in allen Einzelheiten, was es für ihre Kinder bedeuten würde, wenn sie mit ihnen betteln gehe. Wenn sie eine bessere Zukunft für ihre Kinder wolle, dann sei es ihre Verantwortung, sie zur Schule zu schicken und ihnen eine Ausbildung zu ermöglichen! Wir wissen nicht, ob dieser Ratschlag irgendeinen Einfluss auf das Leben dieser Familie hatte. In jedem Fall war es für uns eine Lehre, dass man häufig mehr – und etwas anderes – tun kann, wenn man an das Wohl anderer denkt und nicht daran, wie man sich am besten aus einer Situation winden kann. Es ist immer wieder deutlich, wie ernst Lama Ole seinen eigenen Ratschlag nimmt, selbst die kleinste Gelegenheit zu nutzen, etwas Sinnvolles für andere zu tun. Botschafter und Botschaft sind eins. Verbunden mit einer enormen Bescheidenheit, die ihn immer wieder Second-Hand-Läden aufsuchen lässt, um gute Kleidung zu einem günstigen Preis zu erstehen (häufig ausgediente Militärkleidung, da sie robuster und haltbarer ist), kann ich mir kein besseres Beispiel für gelebtes Mitgefühl wünschen.

Derartige Beschreibungen ließen sich lange fortsetzen, aber Sie sehen wohl, worum es mir geht. Es gibt äußerst überzeugende menschliche Beispiele, die vollendete geistige Qualitäten zum Ausdruck bringen und uns so inspirieren und das Vertrauen geben können, dass diese Qualitäten auch in uns liegen. Ich habe mich auf Persönlichkeiten aus dem buddhistischen Umfeld beschränkt, da ich diese Qualitäten dort am deutlichsten sehe und sie programmatisch sind. Denn in den Lehren ist ein klar beschreitbarer Weg zur Verwirklichung dieser Qualitäten beschrieben. Dies soll aber in keinem Fall bedeuten, dass wir verwirklichte menschliche Eigenschaften nur im buddhistischen Kontext finden würden. Wann immer Menschen jenseits ihrer Hoffnungen und Befürchtungen gehen und das größere Wohl menschlicher Freiheit und Gleichheit und das Verwirklichen menschlicher Ideale im Auge haben, können wir einen Eindruck von überpersönlichen geistigen Qualitäten bekommen. Vor kurzer Zeit hatte ich die Gelegenheit, erstmals Weimar zu besuchen. Der Anlass war an sich schon erfreulich, denn seit langer Zeit schaffte es meine gesamte nahe Familie endlich mal wieder, sich zu treffen. Neben der seltenen familiären Nähe und der architektonischen Schönheit, die Weimar zu einer Stätte des Weltkulturerbes macht, war es für mich auf dieser Reise besonders beeindruckend, noch etwas mehr über Goethes Leben und Wirken zu erfahren, hat er doch einen bedeutenden Teil seiner Tage dort verbracht. Es war eine wirkliche Inspiration, auf den Spuren und in den Räumlichkeiten dieses Universalgenies zu wandeln und einige Beispiele seiner Tätigkeit als Wissenschaftler, Schriftsteller und Dichter, Herausgeber von Zeitschriften, Kunstsammler, Politiker und Staatsdiener, Militärbeobachter, Reformator und Förderer anderer Künstler zu bestaunen. Und obwohl – wie dieses Buch sicherlich zum Ausdruck bringt – nicht jeder ein großer Schriftsteller sein kann, geben uns, wie schon gesagt, solche Beispiele eine Idee der menschlichen Möglichkeiten. Sie regen uns an, unseren eigenen Horizont zu erweitern und etwas Bedeutendes im eigenen Leben auszuprobieren.

Doch Vertrauen in besondere menschliche Qualitäten gründet sich nicht allein darin, sie in herausragenden Persönlichkeiten verwirklicht zu sehen. Diese Beispiele können eine Richtung vorgeben und uns zeigen, was möglich ist, wenn wir in unserem Leben nach wirklichen Werten jenseits hedonistischer Freuden streben. In meiner beruflichen Forschungstätigkeit und meinem täglichen Leben interessiert mich insbesondere die Frage, wie diese Inspiration und das Wissen um menschliche Qualitäten im Leben »normaler« Leute bedeutsam werden kann. Wie können wir unsere eigenen Stärken entdecken und, wie Lama Ole sagt, den Goethe, den Mozart oder die Florence Nightingale in uns selbst zum Ausdruck bringen? Seit mehr als zwanzig Jahren beteilige ich mich an der ehrenamtlichen Arbeit in verschiedenen Zentren des Diamantweg-Buddhismus und besuche die Stätten dieser Richtung weltweit. Die Methoden des Diamantweges stützen sich in ganz besonderer Weise auf das Vertrauen in die verschiedenen überpersönlichen Eigenschaften, die in den Erklärungen zur Buddhanatur beschrieben werden. Was mich über all die Jahre immer wieder stark beeindruckt hat, ist das tatkräftige Mitgefühl, das in den Zentren präsent ist, sowie die Beobachtung, wie die Menschen innerhalb weniger Jahre ihren inneren Reichtum entdecken. Es besteht für mich daher kein Zweifel, dass jeder die Möglichkeit hat, seinen eigenen Schatz menschlicher Qualitäten zu heben und zum Wohle unserer Umwelt zum Ausdruck zu bringen.

Ich möchte nochmals betonen, dass ich hier nicht eine bestimmte Form des Buddhismus propagieren, sondern mit Ihnen meine Erfahrungen teilen möchte. Wie ich an verschiedenen Stellen schon beschrieben habe, habe ich die Entwicklung von geistigen Möglichkeiten und Freiraum auch bei einigen meiner Kollegen und Teilnehmern unserer Meditationsstudien beobachten können. Mir geht es um das grundlegende Prinzip, unser Vertrauen in die geistigen Qualitäten zu stärken und un-

sere Welt in einer weniger persönlichen und dafür offeneren Weise zu erleben.
Ein klassischer Text des tibetischen Buddhismus trägt einen interessanten Titel, der auf diese grundlegende Idee hinweist und mich immer wieder schmunzeln lässt: »Das Diamantlicht des gewöhnlichen Geistes« erinnert uns an unseren *gewöhnlichen* Geisteszustand, wenn wir nicht gekünstelt sind, keine Spiele spielen und ohne »zwar« und »falls« und »wenn und aber« den Geist als das belassen, was er ist: Dann strahlen die geistigen Qualitäten wie ein gut geschliffener Diamant. Es geht darum, gewöhnlich, natürlich zu sein – den Geist so zu belassen, wie er seinem Wesen nach ist. Wie ich an Beispielen gezeigt habe, werden so Furchtlosigkeit, Weisheit, innere Freude und Heiterkeit, die nicht an bestimmte Bedingungen gebunden sind, lebendig. Verbinden wir dies mit mitfühlender Aktivität und gehen jenseits unserer üblichen Grenzen, indem wir uns in kleinem oder größerem Rahmen für menschliches Wohl einsetzen, ist es keine Frage, dass wir dem *Flourishing* näherkommen. Können Sie sich mit der Idee anfreunden, schon alle positiven Qualitäten zu besitzen und sie nur entdecken zu müssen?

Die eigene Zukunft gestalten

Die Thematik der beiden vorherigen Kapitel über Meditation und menschliche Qualitäten werden Sie in anderen Büchern über Positive Psychologie und *Flourishing* in dieser Weise bisher nicht finden. Im besten Falle bekommen Sie den kurzen Hinweis, etwas Achtsamkeit im Alltag könne nicht schaden. Ich bin mit diesen beiden Kapiteln jedoch ganz bewusst über die Darstellung des bisher üblichen psychologischen Zugangs hinausgegangen. Obwohl er mit Sicherheit nützlich ist und unser Leben sinnvoller und reicher macht, ist er doch begrenzter als nötig. Wie wir schon gesehen haben, schlägt die hoch im Kurs stehende *Broaden-and-Build*-Theorie vor, ein ausreichendes Maß an positiven Erfahrungen im eigenen Leben zu kultivieren, und erste Studien zeigen auch, dass dies – zumindest für eine gewisse Zeit – Erfolg haben kann. Viele der damit verbundenen Ratschläge sind sehr sinnvoll, doch mit zunehmender geistiger Stabilität und Ruhe, die sich schon nach recht kurzer Zeit regelmäßiger Meditationspraxis einstellt, können wir zudem unser *Flourishing* auf einer noch tieferen Ebene verwurzeln. Allein die Fähigkeit, innere und äußere Erfahrungen deutlicher zu erleben, führt schon zu einer Zunahme an Positivität, die der Ausgangspunkt der *Broaden-and-Build*-Theorie ist. So berichtete eine Kollegin, wie sie nach dem ersten Termin unseres Achtsamkeitskurses auf dem Bahnsteig stehend auf ihren Zug wartete. Bis zu diesem Zeitpunkt hatte sie das übliche Warten mit einem Gefühl der Zeitverschwendung in Kauf genommen. An diesem Tag erkannte sie plötzlich, wie arm sie sich selbst mit dieser Einstellung machte und so viel zu viele Momente ihres Lebens vergeudete, statt den Augenblick zu würdigen und zu genießen. Sie begann, die Menschen um sich herum bewusster und mit Interesse wahrzunehmen, die verschiedenen Geräusche und Gerüche deutlicher zu erfahren und ebenso den Reichtum und die Vielfalt ihres Lebens in einem der reichsten Länder der Welt wirklich wertzuschätzen. Aus vergeudeter Zeit wurden bedeutungsvolle Momente, nur weil sich etwas in der Art, die Welt zu erleben, geändert hatte. So hilft uns Achtsamkeit, den Reichtum, der uns ständig umgibt, den wir jedoch viel zu selten wahrnehmen, deutlicher, freudvoller und dankbarer zu erfahren.

Verbunden mit einem Verständnis von und wachsendem Vertrauen in grundlegende menschliche Eigenschaften können wir unser Leben zunehmend auf zeitlose, überpersönliche Werte ausrichten, und zu unserem psychologischen *Flourishing* gesellt sich ebenfalls das soziale. Kurzfristige, eher hedonistisch angenehme Vergnügungen werden wir deswegen nicht missen müssen, aber unsere Gewissheit, ein wirklich erfülltes, gutes Leben zu führen, wird immer weniger von ihnen abhängen. Und je weniger wir bestimmte Situationen erwarten und benötigen, umso freudvoller wird unser Erleben selbst kleiner, weniger bedeutender Ereignisse sein. Meine Ergänzungen stehen daher nicht im Widerspruch zu üblichen Theorien und Vorgehensweisen der Positiven Psychologie, sondern können eher als (hoffentlich) zukunftsweisende Erweiterungen verstanden werden, die auf alten buddhistischen Weisheiten aufbauen. Und auch die Forschung ist mit an Bord. Achtsamkeitsmeditation sowie andere Meditationsformen werden schließlich immer besser untersucht, und es zeigt sich deutlich, wie groß ihr Nutzen sein kann.

Formen der Positivität

Was sind nun die verschiedenen Formen der Positivität, die in der *Broaden-and-Build*-Theorie eine vorrangige Stellung einnehmen, und wie können wir sie auf unserem Weg zu einem erfüllten Leben nutzen? In ihrem Buch »Positivity« schlägt Fredrickson vor, die eigenen Antennen auf zehn Formen der Positivität auszurichten, deren Bedeutung empirisch belegt seien: Freude, Dankbarkeit, heitere Gelassenheit (*serenity*), Neugier, Hoffnung, Stolz, Vergnügen/Erheiterung (*amusement*), Inspiration, Ehrfurcht (*awe*) und Liebe. Diese ließen sich jedoch kaum mit Gewalt erzwingen. Vielmehr gehe es darum, die Bedingungen für diese Positivität zu schaffen und sie dann sanft entstehen zu lassen. Die Beschreibung der zehn verschiedenen Formen der Positivität hat damit eher die Funktion, unsere Sensibilität zu wecken und von einer zu allge-

meinen und damit wenig praktischen Vorstellung von »guten Gefühlen« oder »Glück« wegzukommen.
Schauen wir uns an, was es damit auf sich hat und welche Rolle Achtsamkeit dabei spielen kann.

Freude

Dass sie zu erfahren uns erfüllt, ist fast selbstverständlich. Erleben wir Freude, geht es uns gut. Alles funktioniert so, wie wir es uns vorstellen und erwarten. Unser Leben ist reich, wir haben Erfolg im Beruf, Familie und Freundeskreis laufen von selber und benötigen keinerlei Energie. Jemand überrascht uns mit einer unerwarteten Aufmerksamkeit. Wir werden bei der Arbeit gelobt oder bringen eine gute Note aus Schule oder Uni nach Hause. Es gibt eine Vielzahl an Quellen und Bedingungen für solche Freuden und sie machen unser Leben reich.
Achtsamkeit hilft uns, auch Freuden in kleineren Dingen zu finden, die bisher vielleicht häufiger unbemerkt blieben. Eine Teilnehmerin eines Kurses *mindfulness@work* berichtete ganz begeistert, wie sie eines Tages aus dem Universitätsgebäude, in dem sie arbeitete, kam und auf dem Weg zum Parkplatz von dem aufwallenden Gefühl des Reichtums überwältigt wurde. Plötzlich erlebte sie das Grün des Rasens und der Bäume, das Singen der Vögel im Hintergrund, die Frische der Luft, die Weite des blauen Himmels (den gibt es häufig in Liverpool), sie fühlte sich unendlich reich und freudvoll. Nichts war anders in der äußeren Welt, doch mit einer achtsameren Sichtweise, die den Reichtum des Augenblicks erfasst, bekommen alltägliche, gewöhnliche Ereignisse den Geschmack der Frische und Freude.
Wie häufig sind Sie im Moment des Erlebens zu Hause und erfreuen sich am Reichtum von Natur und Mitmenschen, der Sie ständig umgibt?

Dankbarkeit

Erinnern Sie sich an eine Situation, in der Ihnen jemand einen wirklich unerwarteten Gefallen getan oder Sie mit einem Geschenk überrascht hat. Das warme Gefühl der Dankbarkeit öffnet unser Herz und erweckt in uns den Wunsch etwas zurückzugeben. Dankbarkeit schafft Verbindung. Es verringert unsere zwischenmenschliche Distanz. Indem wir uns ebenfalls öffnen, erwidern wir den Akt des Gebens. Dankbarkeit fühlt sich grundlegend verschieden an vom Gefühl, in der Schuld einer anderen Person zu stehen und sich verpflichtet zu fühlen, etwas zurückgeben zu müssen. Wir empfinden keinen einengenden Zwang, sondern einen aufblühenden, warmherzigen Wunsch, etwas Gutes zu teilen.
Mit gesteigerter Achtsamkeit werden wir auf immer mehr Gründe stoßen, dankbar zu sein. Beim Schreiben dieses Buches erinnere ich mich zum Beispiel immer wieder an meine Gymnasialzeit und meinen Deutschlehrer, der sich bemühte, uns die deutsche Grammatik verständlich zu machen. Voller Dankbarkeit und mit leichtem Schmunzeln fallen mir Situationen im Klassenraum ein, in denen er sich nicht scheute, uns die Regeln der Grammatik in gesungener Poesie vorzutragen. Heute selbst als Universitätslehrer tätig, verstehe ich ein wenig besser, wie viel Einsatz und wie viel idealistischer Motivation es bedarf, um Jahr für Jahr zu versuchen, mehr oder weniger interessierten Schülern einen guten Start ins Leben zu geben. Die Liste der Menschen, denen ich danken kann, weil sie in der einen oder anderen Weise, für kurze Zeit oder für viele Jahre meines Lebens dazu beigetragen haben, dass ich heute ein so erfülltes Leben führen kann, ist schier unbegrenzt. Doch unsere Dankbarkeit muss sich nicht auf die großen lebensbestimmenden Einflüsse beschränken. Ich denke auch an die nette Verkäuferin, die beim Einscannen Kommentare zu meinem Einkauf abgibt, mir zu den ausge-

wählten Waren gratuliert oder Tipps zur Zubereitung des Gemüses mit mir teilt. Eine Reihe von Studien weist nach, dass ein Gefühl von Dankbarkeit unser Gefühl der Verbundenheit mit anderen Menschen verstärkt.
Zudem macht es nachgewiesenermaßen einen Unterschied, ob wir unsere Dankbarkeit nur empfinden oder sie auch ausdrücken. So wurden in einer Studie drei Szenarien verglichen: Die Probanden sollten entweder nur mit Dankbarkeit an jemanden denken, hatten eine positive Interaktion mit der Person oder drückten ihre Dankbarkeit aktiv aus. Verglichen mit den ersten beiden Situationen wurde im letzten Falle die zu der anderen Person empfundene Beziehung später als am intensivsten eingeschätzt.
Mittlerweile ist deutlich, wie weitreichend der Nutzen sein kann, wenn wir uns regelmäßig der verschiedenen Dinge und Ereignisse bewusst sind, für die wir dankbar sind. Andere positive Gefühle wie Interesse und Freude nehmen zu, man schläft besser. Dankbarkeit wirkt sich sogar positiv auf die körperliche Gesundheit aus. Da Dankbarkeit unsere Beziehungen zu anderen Menschen stärkt, ist es nicht verwunderlich, dass es nicht nur uns selbst guttut, sondern zu mehr Hilfsbereitschaft führt – ein weiterer Baustein unseres sozialen *Flourishing*.

Heitere Gelassenheit *(serenity)*

Serenity ist ein Begriff, für den es keine wirklich passende Übersetzung gibt. Das Gefühl kennen wir jedoch sehr wohl. Es ist der Freude sehr ähnlich, aber weniger energetisch. Wir empfinden es eher als eine Art Nachklang, etwa das Gefühl einer frohen Zufriedenheit am Ende eines guten Tages, wenn wir etwas geschafft und vollbracht haben. Es gibt nichts mehr zu tun, alles ist vollbracht. Dieses Gefühl der Gelassenheit hat auch die Tendenz, sich auszubreiten und unser gesamtes Erleben zu erfüllen. Obwohl es häufig von bestimmten Gegeben-

heiten ausgelöst wird, beruht es eigentlich auf der Gewissheit, dass alles passt, so wie es ist, ein Gefühl, in der eigenen Mitte zu ruhen, zu Hause in dem zu sein, was geschieht.
Sicherlich können Sie sich vorstellen, dass sich solche Momente auch in unseren Meditationsübungen einstellen, Momente, in denen uns die eigenen Gedanken nichts »anhaben« können. Wir fühlen uns wie ein Fels in der Brandung, unbewegt, während wir von den Wellen unserer Gedanken und Gefühle umspült werden. Schaffen wir es, diese Erfahrung von unserem Meditationskissen in den Alltag hinüberzuretten, dann haben wir viel erreicht. Eine heitere Gelassenheit wird sich zunehmend als Grundstimmung in unserem Leben ausbreiten. Mit guter Laune wie ein Fels in der Brandung zu sein, das ist beneidenswert. Eine derartige innere Stabilität wird schnell erkannt und Menschen fühlen sich generell wohl in so guter Gesellschaft. Das feine Lächeln, das man besonders in den Statuen verschiedener Buddhas tibetischer Herkunft entdecken kann, erinnert mich in höchst ansprechender Weise an diese Gelassenheit.

Interesse und Neugier

Der Wunsch, Neues herauszufinden und besser zu verstehen, »was die Welt im Innersten zusammenhält«, ist sicherlich eins der wichtigsten Motive, das mich in eine akademische Laufbahn gesteuert hat. Die Momente, in denen ich mit meinen Doktoranden Pläne für neue Studien schmiede, um spannende Fragen empirisch zu beantworten, oder wenn am Ende einer Studie die Daten langsam die Antwort auf unsere Fragen preisgeben, sind unersetzlich. Diese Faszination und das Sprudeln neuer Ideen, die Kombination verschiedener Argumente, die Freude, etwas Neues zu finden, ist ein erhebendes Gefühl, mit dem es uns einfach gut geht. Diese Neugierde kann dort funkeln, wo unser persönliches Interesse liegt, ob wir in neue Tiefen unseres Berufes oder Hobbys eindringen, ein faszinierendes Buch lesen oder im Urlaub die verwundenen Gassen einer unbekannten Stadt erkunden. Ist unser Geist mit Interesse und Neugier gefüllt, ist er offen, kann mehr aufnehmen und wird mehr lernen.

Und was halten Sie von der Idee, in Meditation (und im Alltag) mit Neugier und Offenheit zu beobachten, was so alles in Ihrem eigenen Geist geschieht?

Hoffnung

Während die bisher betrachteten Formen der Positivität vorrangig mit angenehmen Erlebnissen in Verbindung standen, erhellt Hoffnung unser Leben eher dann, wenn es uns nicht so gut geht. Es ist die Fähigkeit, Licht am Ende des Tunnels zu sehen, nicht in Verzweiflung zu erstarren, wenn sich Schwierigkeiten auf unserem Weg auftürmen. Es ist das Gefühl, dass sich eine Situation zum Guten wenden wird, und das, wie erste Forschungsergebnisse zeigen, manchmal sogar dann, wenn sich das Ergebnis nicht durch eigene Kraft beeinflussen oder herbeiführen lässt.

Es leuchtet ein, dass die Fähigkeit, positiv in die Zukunft zu schauen und Möglichkeiten zu sehen, uns in eine bessere Lage versetzt, als wenn wir uns hoffnungslos einer Situation ausgeliefert fühlen. Daher kann es überraschen, in buddhistischen Texten Hoffnung häufig im Zusammenhang mit den »acht weltlichen Belangen«, die es gilt aufzugeben, genannt zu sehen. Es dreht sich um die vier Gegensatzpaare Freude und Leid, Ruhm und Schande, Lob und Tadel sowie Gewinn und Verlust, die auch als Hoffnung und Furcht zusammengefasst werden. Was hat es damit auf sich? Versuchen wir zu beobachten oder uns zu erinnern, was den eigenen Geist häufig umtreibt und uns die innere Ruhe kostet, so ist es nicht unwahrscheinlich, dass wir in diesen vier Gegensatzpaaren den einen oder anderen guten alten Bekannten wiedererkennen. Entweder *hoffen* wir, etwas Angenehmes zu erreichen (Freude, Ruhm, Lob, Gewinn), oder wir *befürchten*, etwas Unangenehmem ausgesetzt zu sein (Leid, Schande, Tadel, Verlust). Wie wir schon gesehen haben, streben wir mit der Meditationspraxis einen Zustand an, in dem wir uns im Moment des Erlebens zu Hause fühlen können. So verstanden bedeutet Hoffnung jedoch, dass wir dem momentanen Zustand entkommen wollen, und unser Geist ist aufgewühlt. Schaffen wir es dann tatsächlich, einen erhofften Zustand zu erlangen – und hier wird das Problem richtig deutlich – setzt sofort die Befürchtung ein, wir könnten ihn wieder verlieren. Daher zielt Meditationspraxis auf einen ausgeglichenen Geisteszustand »frei von Hoffnung und Furcht« ab, einen Zustand, in dem sich der Geist in allen Situationen zu Hause fühlen kann.

Sie mögen sich zu Recht fragen, ob eine solche Einstellung nicht dazu führt, dass man träge, ja gleichgültig wird. Gleichgültigkeit ist jedoch nicht das Gleiche wie Gleichmut – und frei von Hoffnung zu sein bedeutet nicht, hoffnungslos zu sein.

Wo liegt hier der Unterschied? Gleichmut, der frei von Hoffnung und Furcht ist, ist ein Geisteszustand, in dem man sich in allen Situationen zu Hause fühlen kann, unabhängig davon, ob genau das geschieht, was man sich vorstellt. Dies bedeutet jedoch nicht, dass man das Interesse daran verloren hat, was geschieht. Vielmehr ist man in der Lage, viel deutlicher sehen zu können, was geschieht, da die Wahrnehmung weniger durch persönliche Interessen und Vorlieben getrübt ist. Dadurch werden mehr Kapazitäten frei und fast automatisch erwacht auch der Wunsch, sich für das Wohl der Mitmenschen einzusetzen, mitfühlende Tatkraft manifestiert sich von selbst. Daher führt ein gleichmütiger Geisteszustand zu mehr mitfühlender Aktivität – ganz das Gegenteil von Gleichgültigkeit.

Eine gleichmütige Bewusstheit bedeutet aber auch, dass wir

einer vielleicht zuerst unangenehm erscheinenden Wahrheit nicht ausweichen, sondern ihr direkt ins Auge schauen. Was tun, wenn es wirklich keine Hoffnung mehr gibt? Mit Gleichmut haben wir noch immer andere Möglichkeiten als Furcht, Vermeiden oder Verdrängen.

Mehrere meiner Freunde in Deutschland sind in der Hospizbewegung tätig und bieten Menschen, für die es wenig Hoffnung gibt, ihre Unterstützung, ihre Nähe und Begleitung an. Obwohl dem Tod nahe zu sein immer schwierig ist, berichten sie doch auch davon, wie Menschen selbst im Sterben noch erblühen und Erfüllung und Bedeutung erleben sowie teilen können. Sind wir in der Lage, einen offenen Geist zu wahren und zu akzeptieren, dass jede Situation, ja unser Leben selbst, flüchtig ist und weder angenehme noch unangenehme Situationen bleiben können, so können wir Veränderung als Möglichkeit – nicht als Bedrohung – sehen. Die Gewissheit, unser Leben wirklich zu leben, ist der beste Schutz gegen enttäuschte Hoffnungen, Verzweiflung und Furcht.

Doch wir sollten Hoffnung auch nicht schlechter machen, als sie ist. Solange unser Erleben zwischen Hoffnung und Furcht pendelt, sind die Prognosen für einen hoffnungsvollen Geist – wie uns die Forschung zeigt – deutlich besser als für einen Geist ohne Hoffnung oder voller Furcht. Bringen wir Achtsamkeit langsam und mit Geduld in unser Leben, so wird sich unsere Hoffnung mehr und mehr in die Gewissheit wandeln, ein Leben zu führen, das an sich erfüllt und lebenswert ist. Es heißt, Augustus, der erste römische Kaiser, habe sein Leben mit den Schlussworten der griechischen Komödie abgeschlossen: »Habe ich meine Rolle gut gespielt? Nun, so klatscht Beifall!« Wenn wir dazu noch nicht in der Lage sind, so können wir zumindest hoffen, einen ausgeglicheneren Geist zu erlangen, der weniger von Hoffnungen und Befürchtungen umhergeweht wird.

Stolz

Hier haben wir einen weiteren Kandidaten, bei dem Psychologie und Meditationserfahrung nicht vollends übereinstimmen. Es überrascht mich noch immer, Stolz in der Liste positiver Gefühle zu finden, scheint es doch ein Geisteszustand zu sein, in dem wir uns von anderen abgrenzen und erleben, etwas Besseres zu sein. In Kreisen der Positiven Psychologie wird Stolz jedoch in etwas anderer Weise diskutiert, nämlich als das Gefühl, selbst etwas aus eigener Kraft vollbracht zu haben, eine Errungenschaft, auf die man »stolz« sein kann. Hochmut oder Arroganz werden als fehlgeleiteter Stolz oder als seine Extremform verstanden. Letztendlich geht es hier um Begrifflichkeiten. Doch da bei »Stolz« unwiderruflich negative Bedeutungen wie Arroganz und Hochmut mitschwingen, erscheint es mir nicht besonders sinnvoll, diesen Begriff zu verwenden, wenn es eigentlich um die Freude, Motivation und die Zufriedenheit geht, die man empfindet, wenn man etwas Besonderes vollbracht hat. Eine neuere Studie belegt auch, dass Stolz uns dazu motivieren kann, mehr Unannehmlichkeiten beim Erreichen eines Zieles in Kauf zu nehmen, aber in einer extremeren Form zeigt sich diese Tendenz auch in Personen, die »über Leichen gehen würden«, um ihr Ziel zu erreichen und zu beweisen, wie besonders sie sind. Möglicherweise kennen Sie auch Menschen, die einerseits sehr viel Genugtuung aus der hohen Qualität ihrer Arbeit ziehen, aber gleichzeitig in unangenehmer Weise auf andere herabschauen. Meines Wissens gibt es bisher jedoch keine Forschung, die diese verschiedenen Anteile des Stolzes untersuchen und sich damit beschäftigen würde, welche Folgen Hochmut und das Gefühl, über anderen Menschen zu stehen, haben kann.

Wie Sie sich gut vorstellen können, hat das Gefühl, besser als jemand anders zu sein, in meinem Verständnis von *Flourishing* keinerlei Platz, denn es schneidet uns von anderen Menschen ab. Ein stolzer Mensch ist grundlegend einsam, denn ist man besser als »die anderen«, fühlt man sich stets in schlechter Gesellschaft. Bisher wurde in der Forschung die gefühlsmäßige Reaktion »Ich habe etwas Besonderes erreicht« mit und ohne dem Gefühl, etwas Besseres zu sein, nicht unterschieden, und es lässt sich daher auch nicht sagen, ob sie in ihrem motivationalen Charakter voneinander abweichen.

Ganz pragmatisch rät Lama Ole aber in Zusammenhang mit Stolz dazu an, den Aufwind des Gefühls zu nutzen, aber gleichzeitig die Perspektive zu vergrößern. Statt zu denken: »Bin ich nicht toll!« schwenkt man auf »Sind wir nicht alle toll!« um und setzt sich zum Wohle der Gemeinschaft ein. So bringt man das Beste beider Welten zusammen, den Extra-Kick, wenn etwas erreicht wurde, und das Gefühl, mit anderen Menschen verbunden zu sein. Anstatt in Hochmut abzuheben und zusehends einsam zu werden, stärken wir so die Verbindung zu anderen Menschen und unser Eingebundensein, einer der Hauptbestandteile eines erblühenden Lebens.

In vorherigen Kapiteln habe ich hervorgehoben, wie bedeutend und sinngebend unser Vertrauen in grundlegend positive Qualitäten ist. Eine mögliche Verbindung zu Stolz lässt sich hier nicht übersehen. Bekommen wir positive Rückmeldungen, so ist der grundlegende Effekt, dass wir unseren Qualitäten mehr vertrauen können und uns selbst in einem besseren Licht sehen. Ich kann mir gut vorstellen, dass dies in bedeutender Weise zur positiven Wirkung von Stolz beiträgt. Doch lauert hier eben auch die Gefahr abzuheben. Wir können uns jedoch verwurzeln, indem wir Erfolg und positive Rückmeldungen als Errungenschaft aller verstehen – als Anzeichen der positiven Qualitäten, die in *uns allen* liegen. So muss Erfolg nicht zu Kopf steigen, sondern kann unser Herz wärmen und auf unsere Mitmenschen ausstrahlen.

Vergnügen/Erheiterung *(amusement)*

Jemand erzählt einen Witz oder wir erleben eine komische Situation, die uns zum Lachen bringt. Dieses Gefühl von heiterer Leichtigkeit ist an sich positiv, und da wir uns dabei gut und sicher fühlen, bereichert es unser Leben. Es bekommt jedoch weitere Bedeutung, wenn wir diese Heiterkeit mit anderen Menschen teilen können, wenn wir *mit*, nicht *über* andere lachen können – und insbesondere wenn wir auch über uns selbst lachen können. So bilden und verstärken sich unsere menschlichen Beziehungen.

Inspiration

Ich habe Begeisterung und Inspiration schon an früherer Stelle einige Aufmerksamkeit zukommen lassen. Es ist unsere Fähigkeit, die Errungenschaften und Qualitäten anderer Menschen zu erkennen und wertzuschätzen. Obwohl die psychologische Forschung bisher noch nicht viel zum Thema Inspiration zu sagen hat, so bestätigt sich doch schon, dass Inspiration als freudvolle Bereicherung sowie als Ansporn für das eigene Leben erlebt wird. Man kann diese Begeisterung fast als Gegenspieler des Neids sehen, einer Erfahrung, in der negative Gefühle geweckt werden, wenn wir Positives in anderen entdecken.

Wir entscheiden selbst, ob wir den Aufwind von Bereicherung und Ansporn erleben oder uns durch Neid und Missgunst herunterziehen wollen.

Ehrfurcht *(awe)*

Ehrfurcht ist eine etwas ungenaue Übersetzung von *awe*. Dieses Gefühl hat weniger mit Furcht zu tun, als mit einem Erstaunen oder einer Achtung, ja fast Bewunderung von etwas überwältigend Großem oder Beeindruckendem. Auch die Trennung zwischen Ehrfurcht und Inspiration ist nicht ganz eindeutig. Vielleicht kann man sagen, dass Inspiration und Begeisterung mehr auf die Qualitäten einzelner Personen ausgerichtet sind, während wir hier eine viel weitere Perspektive haben. Ein erhabenes Naturschauspiel, die unendliche Weite des Weltraums, das Entstehen und Vergehen ganzer Galaxien, das endlose Netzwerk von Verbindungen, das alle Existenz durchdringt – all dies sind Beispiele, die in mir eine tiefe Bewunderung und manchmal Sprachlosigkeit auslösen können. Achtsamkeit hilft uns, diesen bewundernswerten Reichtum im Kleinen wie im Großen mehr und mehr zu erkennen und mit Freude und Begeisterung lieben zu können.

Liebe

In ihrer Aufzählung der zehn Aspekte der Positivität hat Fredrickson sich die Liebe bis zum Schluss aufgehoben, weil sie für sie von besonderer Bedeutung ist. Wenn wir verliebt sind, kommen auch all die anderen positiven Gefühle stärker zum Ausdruck, unser Herz öffnet sich, alle Fühler sind ausgefahren, wir erleben unsere Gefühle wie unter einem Vergrößerungsglas und alle Erfahrungen bekommen eine besondere Bedeutung. Es ist, als hätten wir Flügel. Und obwohl die nahe, intime Liebe zum Lebenspartner sicherlich eine bedeutende Rolle spielt, zieht das buddhistische Verständnis von Liebe einen viel weiteren Kreis über die Situationen sehr persönlicher Nähe hinaus, an die wir bei Liebe zuerst denken.
Liebe wird viel weiter gefasst: als der Wunsch, dass andere Menschen Glück erfahren. Natürlich kann sich dies in einer Partnerschaft und Familie zeigen und tut das hoffentlich auch. Es umfasst aber so weitreichende Dimensionen, dass Liebe als die wichtigste menschliche Eigenschaft überhaupt herausragt. So ist Liebe auch eines der Hauptthemen im Buddhismus des Großen Weges (*Mahayana*). Dort wird in vielen Einzelheiten erklärt, was Liebe ausmacht und definiert und wie sie sich kul-

tivieren und stärken lässt. Nach diesen Vorstellungen besteht Liebe aus den vier wichtigen Anteilen Liebe, Mitgefühl, Mitfreude und Gleichmut. Obwohl sich diese nicht völlig auseinanderdividieren lassen, kann eine genauere Analyse dabei helfen, unser liebendes Mitgefühl besser zu verstehen und zu entwickeln.

Als *Liebe* wird das Gefühl bezeichnet, von ganzem Herzen zu wünschen, dass jemand glücklich ist. Es beinhaltet die Vision und das Vertrauen, dass Veränderung möglich ist, dass jemand vollends erblühen kann. *Mitgefühl* ergänzt dies mit dem Wunsch, dass jemand frei von allem Leid und allen Schwierigkeiten ist. Liebe und Mitgefühl gehen Hand in Hand und mögen auf den ersten Blick kaum unterscheidbar sein. Doch wie wir am Anfang des Buches gesehen haben, erkennt auch die Positive Psychologie, dass Abwesenheit von Leiden, worauf unser Mitgefühl abzielt, nicht identisch ist mit dem Erleben positiver Zustände und Glück, worauf Liebe ausgerichtet ist. Als dritter Aspekt kommt dann auch *Mitfreude* ins Spiel – die Fähigkeit, sich an dem Glück anderer zu erfreuen, und der Wunsch, dass das Glück, das jemand erlangt hat, beständig ist und sich nicht wieder auflöst. Der vierte Aspekt, *Gleichmut*, erweitert alles noch mehr, denn es ist die Fähigkeit, frei von persönlichen Vorlieben allen Menschen das gleiche Glück zu wünschen.

An diesem Punkt wird auch deutlich, in welchem Zusammenhang diese umfassende Liebe mit Hoffnung und Furcht steht. Liebe, verstanden als der Wunsch, jemanden glücklich zu machen, ist ein eindeutiges, großzügiges Gefühl. Doch wie sieht es nach den ersten Wochen oder Monaten beflügelter romantischer Verliebtheit aus, in der wir alles für unseren neuen Partner tun würden? Schleicht sich plötzlich der Anspruch ein, dass der Partner uns glücklich macht? Geht es uns nur gut, wenn er/sie sich so verhält, wie wir es erhoffen oder wün-

schen? Erwachen Befürchtungen, dass die Liebe nicht halten könnte und die erhoffte Partnerschaft zerfällt?
Ich möchte kein Spielverderber sein oder uns des Stoffes großer Dramen berauben. Dennoch glaube ich, dass es sinnvoll und letztlich nützlicher ist, sich auch der Kehrseite unserer Hollywoodgefühle bewusst zu sein. Denn wo wir die größte Öffnung, Bereicherung und Inspiration erfahren können, sind wir auch am verletzlichsten. Wir haben jedoch die Wahl, wirkliche Liebe, frei von Erwartungen, in unserem Geist zu entdecken und zu kultivieren. Liebe, die gibt, ohne etwas zurückzuerwarten – dem werden Sie sicher zustimmen – ist eine wirklich kostbare Eigenschaft, die uns zu einer erfüllteren und liebenswerteren Person macht. Wir müssen nur wissen, dass dies tatsächlich möglich ist. An späterer Stelle – im Unterkapitel über Liebe und Mitgefühl – werden wir uns praktische Wege zur Entwicklung dieser beiden Qualitäten anschauen. An dieser Stelle sei abschließend nur nochmals angemerkt, welche Bedeutung Liebe, insbesondere überpersönliche Liebe, für unser Leben haben kann. Liebe verleiht Flügel und haucht so der Vielfalt unserer Positivität noch mehr Kraft und Bedeutung ein.

Die Kraft der Positivität

Die dargestellten Aspekte der Positivität können uns eine Idee davon geben, wie reich unser Leben sein kann und wie sehr wir die Möglichkeit haben, diesen Reichtum zu entdecken und zu kultivieren. Wir mögen zudem auch weitere Facetten bereichernder Positivität finden, die hier nicht dargestellt sind.

Flow

So denke ich zum Beispiel an die vielfach beschriebene *Flow*-Erfahrung: Wir haben das Gefühl, die Zeit verfliegt, weil wir völlig in einer Aktivität aufgehen. Befinden wir uns in einer

Situation, in der es eine optimale Balance zwischen einer anspruchsvollen Herausforderung und unseren Fähigkeiten gibt, kann es, so zeigt eine Vielzahl an Studien, zu der zutiefst erfüllenden Erfahrung kommen, vollkommen im Fluss zu sein. Dies scheint jedoch im Wesentlichen auf Aktivitäten beschränkt zu sein, die wir gern und recht freiwillig ausführen. Obwohl *Flow* in verschiedensten Aktivitäten erlebt werden kann und grundlegend jeder zu dieser Erfahrung fähig ist, mag man sich wundern, warum wir nur so selten die Möglichkeit ergreifen, so erfüllende Erfahrungen zu machen. Eine mögliche Erklärung ist, dass wir den sogenannten *junk flow* als billigen Ersatz verwenden. Videospiele, engagierende Fernsehserien und Ähnliches können den trügerischen Eindruck hinterlassen, in einer Situation aufzugehen, doch fühlen wir uns dadurch meistens weder besonders belebt noch zufrieden, und die entscheidenden Komponenten, die zu persönlichem Wachstum beitragen, fehlen.

Wie die *Broaden-and-Build*-Theorie beschreibt, haben die verschiedenen positiven Gefühle von Freude bis Liebe und *Flow* den Effekt, dass sich unsere Perspektive erweitert. Wir gewinnen geistigen Freiraum und sehen mehr Möglichkeiten. Darauf aufbauend wächst unser geistiges Kapital, wir entdecken mehr Sinn und Erfüllung in unserem Leben und sind für Schwierigkeiten besser gewappnet.
Der Ausgangspunkt für eine derartige Aufwärtsentwicklung besteht darin, unseren Geist mit mehr positiven Eindrücken und Gefühlen zu »füttern«. Dafür müssen wir aber nicht besonders aktiv werden und versuchen, die Welt so gut es geht zu manipulieren, um auch ja genug Angenehmes erfahren zu können. Positive Erfahrungen und positives Erleben sind in vielen Momenten des Lebens möglich, wenn wir nur unser Feingefühl schärfen und genauer sehen, was vor sich geht. Schauen wir

genau hin, kommen wir aus dem Staunen nicht mehr heraus. In jedem Moment können wir uns als Teil eines größeren Ganzen, eines unendlichen Beziehungsgeflechts, erleben. Überall ist Leben, überall ist Erleben und überall ist der Wunsch nach Glück. Jeder Mensch, den wir treffen, trägt eine interessante Geschichte in sich und hat irgendetwas Besonderes zu bieten. Statt im Straßenverkehr frustriert zu sein, können wir uns voller Erstaunen daran erfreuen, wie viele Mitmenschen es schaffen, ihre Blechkisten auf Rädern ohne größere Schwierigkeiten oder Unfälle durch den hektischen Großstadtdschungel zu manövrieren. Unseren Möglichkeiten sind kaum Grenzen gesetzt, wenn wir nur achtsam genug sind, im Kleinen wie im Großen den Reichtum zu sehen. Dankbarkeit, Freude und Begeisterung lassen sich dann kaum vermeiden.
Nach Untersuchungen von Barbara Fredrickson und Marcial Losada erfasst uns diese Aufwärtsspirale, sobald unser Positivitätsquotient auf mindestens drei zu eins gestiegen ist, also mindestens drei positive Gefühle auf jedes negative kommen. Die Idee eines derartigen Quotienten ist sehr hilfreich, einerseits, weil die Bedeutung positiver Gefühlszustände hervorgehoben wird, und andererseits, weil deutlich gemacht wird, dass es nicht darum geht, ein Leben frei von Schwierigkeiten zu kreieren. Die Absicht ist jedoch nicht, uns einem weiteren verordneten Programm zu unterwerfen und uns so zusätzlich zu stressen, um ja sicherzustellen, dass wir auch auf den richtigen Positivitätsquotienten kommen. Es geht eben nicht darum, neben der richtigen Diät, dem rechten Anteil an Vitaminen, Proteinen, Kohlenhydraten, Mineralien und Spurenelementen, dem richtigen Programm im Fitnessstudio jetzt auch noch dem richtigen Positivitätsquotienten nachzujagen! Würden wir uns einem derartigen Zusatzprogramm aussetzen, wäre es wohl nicht so leicht, wirklich im Fluss zu sein, nicht wahr?

Broadening: Gute Gefühle kultivieren

Ebenso wenig geht es darum, einfach nur zu kultivieren, was sich irgendwie gut anfühlt. Nach jüngsten Forschungsergebnissen macht es einen großen Unterschied, welche Art positiver Gefühle wir heranziehen. Gefühle mit hohem hedonistischen Wert, die sich einfach sehr gut anfühlen, können nämlich einen eher entgegengesetzten Effekt haben. Wird eine starke *Wanting*-Reaktion ausgelöst, schränkt sich unsere Aufmerksamkeit in Richtung Tunnelblick ein, und statt unser Wahrnehmungs- und Handlungspontenzial zu erweitern, verringern wir es und begrenzen uns so selbst.

Bis vor Kurzem hatten wir die traurige Möglichkeit, fast täglich beobachten zu können, wie es aussieht, wenn diese *Wanting*-Reaktion über die Ufer tritt und das gesamte Leben durchdringt und bestimmt. Wir leben in einem Teil Liverpools, der noch vor wenigen Jahren sehr von sozialen Schwierigkeiten geprägt war. Einige Häuser in unserer Straße standen leer und waren von sogenannten *Squattern* belegt, Menschen ohne festen Wohnsitz, die die Gelegenheit eines unbewohnten Hauses nutzten, um Unterschlupf zu finden. Obwohl es in Großbritannien sehr wohl *Squatter*-Initiativen mit politischen oder sozialen Zielen gibt, war das hier leider sehr deutlich nicht der Fall. Im Wesentlichen handelte es sich um obdachlose Drogenabhängige, die sich aufgrund ihrer Sucht in einer äußerst verzweifelten Lage befanden. Ich erwähne dies hier, weil wir bei diesen Menschen so deutlich sehen konnten, wie ein von der Sucht ins Extrem getriebenes *Wanting* die Wahrnehmung verändert. Wann immer wir diesen Menschen begegneten oder beobachteten, wie sie sich in unserer Straße verhielten, war diese extreme Einschränkung der Wahrnehmung und des Interesses ausschließlich auf Dinge, mit denen sie genügend Geld für den nächsten Schuss zusammenbekommen würden, spürbar. Selbst ein einfacher Blumentopf vor der Haustür war vor ihnen nicht sicher. Es war ein zutiefst trauriger Anblick, eine deutliche Lehre, wie ein Leben überwältigt vom *Wanting*-System aussehen kann.

Natürlich handelt es sich hier um eine Extremform der Tunnelwahrnehmung, die es sehr schwierig, wenn nicht unmöglich macht, Alternativen zu sehen oder Hilfsangebote wahrzunehmen. Doch wie aktuelle Forschungen zeigen, gibt es einen entsprechenden Unterschied auch innerhalb des normalen Spektrums positiver Emotionen. In verschiedenen Experimenten wurden Versuchspersonen Videosequenzen oder Bilder gezeigt, die entweder neutralen oder positiven emotionalen Charakter hatten. Waren sie positiv, so hatten sie entweder sehr geringen Handlungsanreiz, beispielsweise bei spielenden Katzen, oder waren von höherem Anreiz, üblicherweise in Form sehr appetitanregender Süßspeisen. In einem direkt anschließenden Test, der die Aufmerksamkeitsbreite misst, war die Aufmerksamkeit nach Darbietung der Süßspeisen im Vergleich zu den anderen Bedingungen deutlich verringert.

Derartige Studien deuten darauf hin, dass der *Broadening*-Effekt eher dann wirkt, wenn unsere positiven Erfahrungen weniger unser *Wanting*-System ansprechen. Vielleicht kennen Sie es aus eigener Erfahrung oder von Ihren Kindern. Haben wir uns auf eine Sache versteift, dann kann uns nichts davon abbringen – selbst wohlwollendes Zureden und das Anbieten einer guten Alternative interessiert uns kaum. Wir wissen, was wir wollen (*wanting*!). Forscher haben sich die entsprechende Gehirnaktivität etwas genauer angeschaut. Generell unterscheiden sie zwischen Gefühlen mit einer eher zurückhaltenden Motivation, die auf Abstand und Rückzug ausgerichtet ist, und einer Motivation, die auf Annäherung zielt. Herrscht Annäherungsstimmung vor, dann überwiegt die Gehirnaktivität im linken Frontalhirn gegenüber der im rechten. Bei Abstands- und Rückzugsmotivation ist das Muster umgekehrt, rechtsfrontale

Aktivität ist stärker als linksfrontale. Ist es nicht interessant, dass diese frontalen Asymmetriemuster bei Zorn und Aggression denen für »positive« Gefühle mit starkem Handlungsanreiz, etwa dem Gefühl, etwas haben oder besitzen zu wollen, sehr ähnlich sind? Es scheint daher auch nicht verwunderlich, verringerte Aufmerksamkeitsbreite und Tunnelblick sowohl bei Zorn als auch starken Begierden zu beobachten. Hier bekommt der Gleichmut eine weitere Facette, als die Fähigkeit, die Balance zwischen Rückzugs- und Annäherungsmotivation zu finden.

Führen wir uns die Liste der von Fredrickson genannten zehn positiven Gefühle nochmals vor Augen, so ist deutlich, dass sie alle eine eher niedrige Annäherungsmotivation haben. Es handelt sich vorrangig um Gefühle, die nicht von innerem Drang und starken Handlungsimpulsen gezeichnet sind und eher mit Gelassenheit, Ausgeglichenheit und der positiven Verbindung mit unseren Mitmenschen zu tun haben. Und vielleicht kann man in Erweiterung dieser Beobachtung sogar vermuten, dass bei einer eher eudämonischen Ausrichtung auf Sinn und Bedeutung statt auf kurzfristige hedonistische Befriedigung ein deutlicherer *Broadening*-Effekt zu erwarten ist. Da derartige Studien jedoch bisher noch nicht durchgeführt wurden, muss dies momentan noch im Bereich der Spekulation bleiben.

Building: Auf Gutem aufbauen

Mehrere Studien zeigen, dass die Erfahrung der besagten positiven Gefühle mit der Zeit zu einem Anwachsen unserer psychologischen Stärken und guten geistigen Gewohnheiten führt, unsere zwischenmenschlichen Beziehungen verbessert und einen positiven Einfluss auf unsere körperliche Gesundheit hat. Es ist zudem richtungsweisend, dass in der bisher umfangreichsten Studie zum Nachweis dieses *Build*-Effekts eine buddhistischinspirierte Meditation im Mittelpunkt steht. In Fredricksons *Open-Heart*-Studie lernen und praktizieren die

Versuchsteilnehmer eine Mitgefühlsmeditation als Maßnahme zum Stressmanagement. Den Betreffenden nicht bekannt war jedoch die Idee der Wissenschaftler, durch diese Meditation das Ausmaß an erlebter Positivität zu steigern. Wie nicht anders zu erwarten, zeigte sich der *Build*-Effekt besonders deutlich in der Verbesserung der Interaktion mit anderen Personen. Aus wissenschaftlicher Sicht betrachtet ist noch unklar, ob die verwendete Meditation tatsächlich »nur« mehr positive Erfahrungen anregte oder aber – wie ich vermuten würde – auch eine Transformation auf tieferer Ebene bewirkte. Praktisch gesehen reicht es vielleicht erst einmal aus zu wissen, dass eine Mitgefühlsmeditation derart positive Wirkung entfalten kann. Ich halte jedoch die Einsicht, mit anderen Wesen zutiefst verbunden zu sein, für eine so machtvolle Erfahrung, dass ich mir gut vorstellen kann, dass hier die tatsächlich transformative Wirkung dieser Übung liegt. Dass dies zudem auch zu mehr Positivität führt, ist nicht anders zu erwarten, denn vom Persönlichen auf das Überpersönliche umzuschwenken, ist eine zutiefst freudvolle Erfahrung, die auch auf einer tief verwurzelten Gewissheit beruht, den eigenen Qualitäten vertrauen und sein Leben sinnvoll verwenden zu können. Letztendlich ist das ja das Einzige, dem wir wirklich trauen können: Weder können wir vorhersagen noch zuverlässig steuern, was geschieht. Wir können uns aber bemühen, unser Bestes zu geben. Tun wir dies, gibt es nichts zu bereuen, nichts zu erhoffen und nichts zu befürchten, denn wir haben alles getan, was möglich ist.

Liebe und Mitgefühl

Eine Mitgefühlsmeditation findet im Arsenal psychologischer Interventionen ihren Platz – das ist an sich schon eine erstaunliche Entwicklung, die die Offenheit der Positiven Psychologie in exemplarischer Weise zum Ausdruck bringt!

Überpersönliche Liebe hat viele Ebenen und Facetten, angefangen von dem Wunsch, unseren Lebenspartner oder Lebensabschnittsbegleiter wirklich glücklich zu machen, bis zu der Erfahrung tiefster Verbundenheit mit allen Wesen. Zutiefst beruht sie auf der Erkenntnis, dass wir alle denselben Raum teilen. Es ist immer mehr Raum hinter uns als zwischen uns, egal wie weit wir voneinander entfernt sind. Ziehen wir die endlosen Weiten des Weltraumes in Betracht, so ist selbst eine Person in Australien nur einen Katzensprung entfernt. Zudem sind wir alle über ein endloses Netz von Ursachen und Bedingungen miteinander verbunden. Das eine oder andere Wassermolekül, das ich heute zum Zähneputzen verwende, ist vielleicht vor einigen Jahren den tibetischen Fluss Yarlung Zangbo heruntergeflossen, ist zum Brahmaputra geworden und hat sich nach Vereinigung mit dem Ganges in den Golf von Bengalen ergossen. Und egal ob wir in einer Villa an den Ufern des Genfer Sees leben oder im Kongo ums Überleben kämpfen, bewegt uns doch alle der grundlegende Wunsch, Glück zu finden und Schwierigkeiten zu vermeiden. Sind unsere konkreten Bedürfnisse auch äußerst verschieden, kann uns diese Betrachtung helfen, eine wirkliche Verbindung zu anderen Wesen zu spüren. Obwohl Afrika weit entfernt ist und viele Menschen dort eine andere Hautfarbe haben, teilen wir doch das Grundlegendste überhaupt: den Wunsch nach Glück. Ist das nicht von viel größerer Bedeutung als all die Kleinigkeiten, die uns trennen, all die persönlichen Wünsche, Erwartungen, Hoffnungen und Befürchtungen, die unseren Geist häufig verschleiern und verhindern, dass wir den Wunsch nach Glück anderer wirklich spüren?

Sind wir ehrlich, was unsere Liebe und unser Mitgefühl angeht, so befinden wir uns vermutlich in einem Zustand, in dem wir *manchen* Menschen *manchmal etwas* Glück wünschen. Es fällt uns recht leicht, Mitgefühl für Menschen zu empfinden, wenn wir einen guten Tag haben (manchmal), es sich um Familie und Freunde handelt (manche Menschen) und sie nicht deutlich glücklicher sind als wir (etwas Glück). Doch wirkliche Entwicklung findet statt, wenn wir diese Komfortzone verlassen, wenn wir über unseren eigenen Schatten springen, über unsere gewöhnlichen Fähigkeiten hinausgehen. Können wir anderen Menschen Glück wünschen, wenn es uns mal nicht so gut geht? Können wir auch Menschen, die uns weniger nahestehen, Glück wünschen? Können wir uns daran erfreuen, wenn es anderen Menschen besser geht als uns selbst? Vielleicht nicht sofort, aber die Antwort ist trotzdem in jedem Fall Ja! Denn es ist eine Frage der Gewohnheit. Und ich würde hinzufügen, die Frage einer *guten* Gewohnheit! Tatsächlich gewinnen wir – wie die Forschung zeigt, in allen möglichen Bereichen –, wenn wir eine derartige Einstellung kultivieren können. Zudem gibt es nichts zu verlieren. Anders als wir vielleicht unbewusst erwarten, ist die Ressource Glück in keiner Weise begrenzt! Unser Glück nimmt nicht ab, wenn jemand anders glücklich wird. Nur solange wir uns ständig mit anderen vergleichen und es uns nur deswegen gut geht, weil es anderen weniger gut geht, haben wir ein Problem. Wirkliches Glück kennt dieses Problem jedoch nicht.

Es mag zuerst schwierig, vielleicht sogar ungerecht erscheinen, Menschen, die sich nicht so nett oder sogar schädigend verhalten, Glück zu wünschen. Doch ginge unser Wunsch in Erfüllung, wäre das Problem gelöst! Jemand der wirklich glücklich ist, verhält sich auch gut. Schädliches Handeln ist ja eigentlich stets ein Ausdruck von Schwäche und davon, dass jemand ein Problem hat. Glück zu wünschen, bedeutet auch nicht, die Fehltritte und den Schaden, den jemand angerichtet haben mag, zu leugnen. Es steht in keiner Weise im Widerspruch zu unserem Rechtsstaat, in dem Verbrechen verfolgt und geahndet werden. Es steht jedoch im Widerspruch zu Rache und Vergel-

tung, die – wie uns die Medien fast täglich zeigen – nur zu einer andauernden Spirale von Gewalt und Leid führen können. Mitfühlende Schadensbegrenzung ist sicherlich eine humanere und langfristig wirksamere Methode.
Der erste Punkt ist also zu verstehen, dass es sinnvoll ist, wenn andere Menschen glücklich sind. Diese Einstellung verbindet uns mit etwas Großem, mit etwas wirklich Bedeutungsvollem. Im nächsten Schritt geht es darum, unsere Gewohnheit, anderen Glück zu wünschen, ganz fest in unserem Herzen zu verankern. Da der Geist eigentlich ein Gewohnheitstier ist, tun wir das in bester Weise, indem wir diesen Wunsch immer wieder, so ehrlich wie möglich in uns entstehen lassen. Es gibt viele Weisen, wie wir das tun können. Wichtig ist dabei nur, dass es wirklich unser Herz berührt. Wir können herausfinden, welche Bilder von menschlichen Leiden uns besonders berühren, diese in unserem Geist wachrufen und dann wünschen, dass niemand jemals dieses Leid erfahren muss. Wir können uns auch das höchste Glück vorstellen und dann wünschen, dass jedes Wesen ständig ebenso glücklich ist.

Lassen Sie uns nun auf einen regelmäßig praktischen Zugang umschwenken. Wie kann man sich eine Mitgefühlsmeditation vorstellen?
Fällt es uns schwer, anderen Menschen und vielleicht sogar uns selbst wirkliches, unbedingtes Glück zu wünschen, so können wir die Übung an diesem grundlegenden Punkt beginnen. Man kann eine ganz einfache Formel verwenden, zum Beispiel:

Möge *ich* glücklich sein.
Möge *ich* frei von allem körperlichen und geistigen Leid sein.
Möge ich mich von ganzem Herzen um *mein eigenes* Glück kümmern.

Am besten beginnen wir mit dieser Übung mit genügend Ruhe und wiederholen diese Wünsche langsam, bis sie wirklich in unserem Herzen schwingen. Vielleicht schließen wir diese Wünsche an eine kurze Achtsamkeitsmeditation mit dem Atem an, wie ich sie ab Seite 92 beschrieben habe. Natürlich können Sie auch Ihre eigenen Worte finden. Wie fühlt sich das für Sie an? Ist es ungewöhnlich, sich selbst Glück zu wünschen?

Danach können wir langsam die Übung ausweiten: zuerst auf einen guten Freund, für den wir uns leicht erwärmen können und dem wir gern wirklich alles Gute wünschen können. Wenn sich unser Herz ganz für diesen Menschen geöffnet hat, gehen wir einen Schritt weiter und wiederholen nun die Formel für eine ganz konkrete neutrale Person, jemanden, den wir kaum oder gar nicht kennen, dessen Glück (oder Leid) uns bisher eigentlich noch nicht wirklich interessiert hat. Wenn wir auch dieser Person von ganzem Herzen Glück wünschen können, gehen wir weiter. Wie Sie sich schon denken können, kommen wir nun zu einer wirklich schwierigen Person, jemand mit der besonderen Begabung, uns innerlich in Aufruhr zu bringen. Tun Sie das aber nur, wenn Sie sich stabil fühlen und sich zumindest theoretisch vorstellen können, dass es möglich ist, dieser Person Glück zu wünschen. Erinnern Sie sich an das Vorhaben, dass wir uns um unser eigenes Glück kümmern wollen? Das haben wir ja nicht aufgegeben. Wir wiederholen nun die drei Zeilen (oder unsere eigene Version), indem wir uns auf die schwierige Person beziehen. Mag dies auch schwerfallen, so gibt es doch einen Trost: Sollte dieser Mensch irgendwann wirklich glücklich werden, wird er bestimmt auch weniger schwierig sein – für sich selbst ebenso wie für seine Umwelt.

Im nächsten Schritt schließen wir nun alle vorher genannten Personengruppen in unsere Glückwünsche ein: uns selbst, nahe Menschen und Freunde, neutrale und schwierige Personen. Schaffen wir dies, können wir noch einen Schritt weiter gehen und allen Wesen auf diesem Planeten oder gar im gesamten Universum Glück wünschen. Dies ist eine übliche Methode, die eigene Liebe auszuweiten. Dieser Zugang mag Ihnen zu mechanisch vorkommen, und vielleicht finden Sie die Vorstellung, sich selbst so viel Glück zu wünschen, etwas ungewöhnlich oder selbstbezogen. Wie gesagt können Sie in flexibler Weise damit umgehen – es geht eher darum, das Prinzip zu verstehen. Darauf zu achten, dass es auch uns selbst gut geht, für das eigene geistige und körperliche Wohlergehen zu sorgen, ist sicherlich Voraussetzung dafür, offen für Glück und Leid anderer Wesen zu sein. Ob Sie es in einer solchen Weise betonen wollen, sollten Sie für sich selbst herausfinden.

Ich möchte Ihnen aber auch eine andere, direktere Weise, Liebe und Mitgefühl zu stärken, nahebringen. In meinen Kursen *mindfulness@work* erfreut sich diese Meditation besonderer Beliebtheit.

Übung: Einfache Mitgefühlsmeditation

Bei dieser Meditation handelt es sich um eine leicht abgewandelte Form der sogenannten Regenbogenlicht-Meditation, die auch von Lama Ole Nydahl angeraten wird und beispielsweise in seinem Buch »Wie die Dinge sind« nachgelesen werden kann.

Wir beginnen mit einer kurzen Atemmeditation, wie ich sie ab Seite 92 beschrieben habe.

Haben wir so etwas Freiraum gewonnen und ist unser Geist etwas zur Ruhe gekommen, denken wir kurz darüber nach, warum wir jetzt meditieren wollen: Diese Meditation kann uns helfen, mehr Wärme und Herzensgüte für unsere Mitmenschen zu entwickeln und eigene geistige Störungen zu verringern. Nur dann sind wir in der Lage, anderen Menschen wirklich zu helfen.

Nun erinnern wir uns für einen Moment an all die Leiden in der

Welt, die manifesten Leiden in den armen, überbevölkerten Teilen dieser Welt und ebenso die psychologischen Schwierigkeiten in den reicheren Ländern. Wir spüren, wie sehr jedes Wesen diese Leiden überwinden und ein würdiges, erfülltes Leben führen möchte.

Nun entsteht in der Mitte unseres Brustkorbes, auf Herzenshöhe, ein feines, klares regenbogenfarbenes Licht. Dieses Licht trägt alles Gute in sich. Es dehnt sich langsam aus, füllt unseren Körper auf und löst zuerst unsere eigenen Schwierigkeiten auf. Dann strahlt es in die gesamte Welt und bringt allen Wesen Glück und Erfüllung.

Solange es sich gut anfühlt, verweilen wir in dieser Erfahrung von Freude und Leichtigkeit, in einem reinen Bereich voller Möglichkeiten und Bedeutsamkeit.

Das Licht kehrt in unser Herz zurück und löst sich dort einfach auf, oder wir tragen es mit uns und senden es wieder aus, wann immer wir das wünschen oder uns daran erinnern.

Wenn wir die Meditation beenden, entscheiden wir uns, das Gefühl von Bedeutsamkeit, Freude und Leichtigkeit und des Verbundenseins mit anderen Wesen in unserem Alltag wachzuhalten.

Abschließend wünschen wir, dass das Gute aus dieser Meditation so weit anwächst, dass nachhaltiger Nutzen entsteht und wir fähig werden, anderen Wesen in wirklich bedeutender Weise zu helfen.

Mit diesen Übungen und Meditationen ist es möglich, überpersönliche Liebe in unserem Geist zu erwecken und zu verankern. Es geht aber noch um viel mehr als gute, liebende und mitfühlende Gedanken und Gefühle. *Flourishing* bedeutet ja, dass es uns gut geht und dass wir gut funktionieren, uns gut verhalten. Letztendlich stimmt es natürlich, dass wir uns so verhalten, wie wir uns fühlen. Daher sind die Übungen zur Entwicklung von Mitgefühl so bedeutsam. Aber in gleicher Weise, wie die Idee »sich gut fühlen« zu allgemein ist, um nützlich zu sein, ist auch »gut handeln« wenig aussagekräftig. Im Buddhismus finden wir daher auch Ratschläge, wie wir unser Mitgefühl in ganz praktischer und konkreter Weise in unser Leben einbringen können. Diese Ratschläge werden üblicherweise in Form der sechs befreienden Handlungen (Sanskrit: *paramita*) zusammengefasst. Ihr Name stammt daher, dass sie uns, wenn sie vollends umgesetzt sind, von allen geistigen Einengungen und jeder Egozentrik befreien können.

Großzügigkeit

Alle Entwicklung beginnt mit Großzügigkeit. Hält jeder Mensch zwanghaft an dem fest, was er besitzt, wird nicht viel geschehen. Jeder verschanzt sich auf seiner eigenen, einsamen Insel. Etwas zu geben oder zu teilen ist dagegen die beste Weise, Verbindungen zu bauen. Sicherlich ist es kein Zufall, dass es zum guten Ton gehört, die neue Bekanntschaft zu einem gemeinsamen Essen einzuladen und in anderer Weise zu zeigen, dass man bereit ist zu teilen. Großzügigkeit ist jedoch nicht auf Materielles beschränkt, sondern bezieht sich ebenso auf die psychologische oder geistige Ebene. In einem Sozialstaat, der fast unglaubliche materielle Absicherung bereitstellt, kommt dieser zweiten Ebene sicherlich besondere Bedeutung zu. Zeit zu teilen, einem Freund wirklich zuzuhören, emotionale Wärme und Geborgenheit zu vermitteln, großzügig mit Lob zu sein, all dies hilft, Beziehungen zu knüpfen und zu stärken, und unser Mitgefühl von ganzem Herzen auszudrücken. Sicherlich kennen Sie das warme, erfüllende Gefühl, jemanden glücklich gemacht zu haben oder etwas Bedeutungsvolles geteilt zu haben. Zu erleben, dass der eigene Einsatz Nutzen bringt, ist tatsächlich eine der erfüllendsten Erfahrungen, die ich kenne und die ich in meinem Leben auf keinen Fall missen möchte: das Leuchten in den Augen der Zuhörer bei einem Vortrag, der Aha-Moment, wenn bei einem meiner

Studenten der Groschen fällt, oder die Rückmeldung von Teilnehmern an *mindfulness@work*, wie sehr es ihr Leben in positiver Weise beeinflusst hat. Ohne den Wunsch, mit anderen zu teilen, wäre all dies nicht möglich. Es würde wenig Nützliches geschehen.

Wiederum können wir klein anfangen: Ein Lächeln in der U-Bahn, ein Dankeschön an den Busfahrer, ein freundliches Wort, während wir im Supermarkt in der Schlange stehen. Statt im Straßenverkehr strikt auf unserem Recht zu beharren, können wir eine Lücke und jemandem den Vortritt lassen. Die Möglichkeiten zu geben und zu teilen sind fast grenzenlos, und mit kleinen Schritten bereichern wir unser Leben und das Leben der Menschen um uns herum: Je mehr wir geben, umso mehr gewinnen wir. Entdecken Sie immer neue Gelegenheiten großzügig zu sein und beobachten Sie, wie es sich anfühlt! Können Sie geben, ohne etwas zurückzuerwarten? Fühlen Sie sich damit ärmer oder reicher?

Sinnvolles Verhalten

Schaffen wir mit unserer Großzügigkeit Verbindungen, ist nichts wichtiger, als wie wir uns benehmen! Mit einem einzigen falschen Wort können wir in einem Moment all das Gute, das wir aufgebaut haben, zum Einsturz bringen. Unsere Gesetze legen den Rahmen akzeptablen körperlichen Verhaltens recht eindeutig fest, daher ist es in unseren westlichen Gesellschaften wichtiger, das Augenmerk auf unsere Kommunikation zu legen. Wie leicht kann ein falsches Wort eine Freundschaft zerstören oder unsere Glaubwürdigkeit ruinieren! Sich in grober, aggressiver Weise auszudrücken oder hinter dem Rücken über Mitmenschen zu tratschen oder zu lästern, belastet jede Beziehung, ob im Freundeskreis, in der Familie oder am Arbeitsplatz. Da wir uns mehr und mehr über elektronische Medien wie E-Mail, SMS oder soziale Online-Netzwerke wie Facebook oder verschiedene VZ-Netzwerke austauschen, kommt das zusätzliche Problem der verarmten Kommunikation dazu. Wenn beinahe alle non-verbalen Botschaften wegfallen und wir fast automatisch Gefühle, Vorstellungen und Motivationen in eine Nachricht hineininterpretieren, lohnt es sich, besonders achtsam zu sein.

Wir können jedoch mehr tun, als störende Ausdrucksweisen zu vermeiden. Wir können unsere Kommunikation verwenden, um die Atmosphäre zu verbessern. Ein freundliches Wort, ein Lob, ein Dankeschön, eine gewählte Ausdrucksweise und sinnvolle Beiträge zu einem Gespräch zu leisten, macht es unseren Mitmenschen einfach, sich in unserer Nähe wohlzufühlen und uns zu vertrauen. Ohne dieses Vertrauen würden unsere Versuche, hilfreich zu sein, keine wirklichen Früchte tragen können.

Geduld

Diesem Punkt sind wir schon mehrmals begegnet. Wir können nicht erwarten, dass sich all unsere Vorstellungen sofort bewahrheiten. Obwohl ich häufig gesehen habe, dass sich Veränderungen im Leben von Menschen schon nach sehr kurzer Zeit zeigen, dauert es eine Weile, bis sich Dinge wirklich nachhaltig wenden und verfestigen. Selbst ein Weg von tausend Meilen beginnt mit einem Schritt. Schaffen wir es, den Dingen und uns selbst genügend Zeit und Raum zu geben, können wir unseren Weg ins *Flourishing* langfristig absichern.

Erst geduldiges Beobachten macht Achtsamkeitsmeditation wirklich möglich. Es geht darum zu erleben und anzuerkennen, was im eigenen Geist geschieht und auch, dass es gar nicht so leicht ist, auf »Abruf« achtsam zu sein. Auf der Gefühlsebene ist es insbesondere die Fähigkeit, aufwallenden Zorn, Wut und Hass ins Leere laufen zu lassen, da ein einziger Wutausbruch die guten Bedingungen, die wir aufgebaut haben, verspielen kann. Da Zorn, wie wir schon gesehen haben, unsere Wahrnehmung einschränkt, verlieren wir in einem solchen Zustand zwangsläufig den Überblick und können davon ausgehen, dass wir nicht in der Lage sein werden, wirklich sinnvoll zu handeln.

Dabei geht es jedoch nicht darum, voller Wehleid alles hinzunehmen und zu erdulden, sondern mit innerer Kraft und Stärke standhaft allen Stürmen mit der Überzeugung zu trotzen, dass auch in herausfordernden Situationen eine ausgeglichene Reaktion die besten Resultate bringen wird.

Freudvolle Tatkraft

Hier geht es darum, die guten Bedingungen unseres Lebens tatsächlich in einer sinnvollen Weise zu verwenden und uns mit Energie und Freude den Dingen zu widmen, die für uns von wirklicher Bedeutung sind. Es geht auch darum, unsere eigene Trägheit zu überwinden und unser Leben mit freudiger Aktivität anzugehen, sich ganz zu engagieren und Dinge nicht halbherzig zu tun. Der größte »Killer« unserer Zeit ist dabei sicherlich eine Form von Trägheit und Unklarheit, die uns dazu verleitet, unser Leben mit vielen unwichtigen Dingen zu verbringen. Die Forschung zu Charakterstärken zeigt deutlich, dass es einen engen Zusammenhang gibt zwischen unserer freudigen Aktivität (englisch: *zest*), unserem Einsatz und unserer Zufriedenheit mit dem Leben.

Es mag daher helfen, Bilanz zu ziehen, wie häufig wir wirklich mit Freude und ganzem Herzen bei dem sind, was wir tun, und falls nötig unser Leben mit mehr Tatkraft zu füllen. Erfahrungsgemäß sind da die ersten Schritte die schwierigsten, doch wenn der Ball erst einmal im Rollen ist, laufen viele Dinge fast von selbst.

Dieser Punkt macht aber auch deutlich, dass es wichtig ist, auf unser eigenes Wohlergehen zu achten. Während Aktivität zum

Wohle anderer eine Vielzahl an positiven psychologischen und physiologischen Auswirkungen hat, so kann sich dieser Effekt auch umdrehen, wenn zum Beispiel die Langzeitversorgung eines Pflegebedürftigen zu einer persönlichen Belastung wird. Daher liegt die Betonung auf der mit Tatkraft verbundenen Freude. Stellen Sie also sicher, dass es Ihnen in der Aktivität selbst auch gut geht. Haben wir uns die vorherigen drei Punkte zu Herzen genommen, so ist es wahrscheinlich, dass wir in unserer Aktivität angenehme Gesellschaft teilen und uns so gegenseitig inspirieren und anspornen können.

Meditation

Geistige Stabilität und Ausgeglichenheit sind eine Grundlage dafür, die genannten Aktivitäten in nützlicher Weise umsetzen zu können und nicht mehr jeder aufkommenden Störung im Geist ausgeliefert zu sein – ein Fels in der Brandung zu sein und nicht ein Kieselstein, der von der kleinsten Welle davongespült wird. Die Meditationen, die ich in diesem Buch vorgeschlagen habe, sowie eine Vielzahl anderer Achtsamkeitsmeditationen, wie sie in buddhistischen Zentren gelehrt werden oder in Büchern von Thich Nhat Hanh, Jon Kabat-Zinn und anderen Autoren zu finden sind, haben alle ein Ziel: Abstand von inneren Dramen zu bekommen, um klarer und freier entscheiden zu können, welchen Tendenzen und Impulsen man folgen möchte und welche man besser vorbeiziehen lässt. Regelmäßige, kurze Meditationen geben uns die Fähigkeit, von den *Inhalten* unseres Erlebens auf den *Prozess* des Erlebens umzuschwenken und so immer freier zu entscheiden, wie wir die Welt erleben wollen. Da nicht jeder eine gegebene Situation in der gleichen Weise erlebt, gibt es mit Sicherheit auch in unserer eigenen Wahrnehmung einen gewissen Spielraum. Haben wir diesen Grundgedanken einmal verstanden, lässt er sich immer weiter kultivieren und ausdehnen. Wenn auch das einfache Verstehen dieses Zusammenhanges häufig schon einen Unterschied macht, so finden wir uns ohne Übung dennoch häufig in Situationen gefangen. Es geht hier nicht darum, etwas schönzureden oder Schwierigkeiten unter den Teppich zu kehren. Es geht darum, Ihnen zu zeigen, dass wir eine Wahl haben, dass wir eine Möglichkeit zu einer anderen Wahrnehmung haben, wir können – im wahrsten Sinne des Wortes – anders *wahr*nehmen. Wie das Wort Wahrnehmung schon beinhaltet und wie uns mehr als einhundert Jahre psychologischer Forschung bestätigen, ist Wahrnehmung ein aktiver Vorgang, in dem wir die Hauptrolle spielen. Wir entscheiden, was wir für wahr nehmen, und schaffen damit unsere eigene Welt.

Weisheit

Nur wenn wir einen gewissen inneren Abstand haben, kann unsere Weisheit aber wirklich aktiv werden und unserem Erleben und Handeln die gewünschte Ausrichtung geben. Wir müssen deutlich unterscheiden, welche Richtung wir einschlagen wollen und welche Aktivitäten unserem *Flourishing* und einem erfüllten Leben zuträglich sind.

Auf einer tieferen Ebene geht es zudem darum zu verstehen, dass wir letztendlich mit allen Wesen verbunden sind, dass wir die gleiche Erde, den gleichen Raum und den gleichen Wunsch nach Glück teilen. Ganz praktisch können wir dieses Verständnis umsetzen, indem wir versuchen, mit so wenig Ego wie möglich zu handeln. Sind wir zum Beispiel großzügig, geht es weniger darum, dass *wir* etwas geben, sondern darum, eine Situation oder das Leben anderer Menschen zu bereichern. In unserer Steuererklärung können wir natürlich trotzdem jedes Jahr angeben, was wir für gemeinnützige Zwecke gespendet haben.

Die Frage ist, wie sehr wir emotional an unserer Großzügigkeit festhalten. Erwarten wir Lob, Anerkennung oder Gegenleistung? Je weniger selbstlos wir handeln, umso mehr ziehen wir uns wiederum von unseren Mitmenschen zurück, schaffen Isolierung statt Gemeinsamkeit.

Verstehen wir, wie sehr Liebe und Mitgefühl unser Leben bereichern können und tiefe Ebenen des *Flourishing* möglich machen, so können wir die Samen legen und Liebe, Mitgefühl, Mitfreude und Gleichmut in ganz natürlicher Weise zu einer geistigen Gewohnheit machen. Wir können unsere Achtsamkeit schulen, um die Möglichkeiten für eine mitfühlende Geisteshaltung zu entdecken und gegenläufige geistige Tendenzen langsam abklingen zu lassen. Im Alltag können uns Großzügigkeit, zwischenmenschliches Verhalten, Geduld, freudige Tatkraft, Meditation und Weisheit als weitere Richtschnur dienen, wie sich mitfühlende Aktivität umsetzen lässt.

Schwierigkeiten meistern

All dies mag sich gut anhören, solange es uns gut geht. Was aber, wenn die Dinge nicht so gut laufen und wir Schwierigkeiten ausgesetzt sind? Sehen wir jemanden in bedrohlicher Weise auf uns zu eilen, dann können wir uns rüsten, einen breitbeinigen festen Stand einnehmen, unser Gewicht verlagern und so dem bevorstehenden Schub Widerstand leisten, wir können Ausweichmanöver einleiten, oder – wie es Aikido oder Tai Chi lehren – die Energie des Angreifers zu unserem eigenen Vorteil umleiten. Sehen wir die Gefahr jedoch nicht kommen, dann sind wir dem Angriff fast hilflos ausgeliefert und werden leicht aus der Bahn geworfen. Ähnlich sieht es mit Schwierigkeiten unseres Lebens aus. Sie sind so schwierig, weil wir sie meist nicht vorhersehen und daher nicht vorbereitet sind. Wir werden überrascht und verlieren unser inneres Gleichgewicht.

Wissen, was ist

Der erste Ratschlag für den Umgang mit Schwierigkeiten ist daher, unsere Situation so gut es geht zu verstehen. Können wir auch nicht jedes Problem, jeden Schmerz und jedes Leid vorhersehen, so hilft es doch, ein paar grundlegende Dinge zu verstehen. Was unser Thema, *Flourishing* und Glück, angeht, so haben wir in den vorherigen Kapiteln gesehen, wie viel von unserer Wahrnehmung vom Ausmaß innerer Freiheit und Flexibilität abhängt. Können wir eine Situation mit Abstand und Gewissheit so sehen, wie sie ist, sind wir in einer deutlich besseren Position und werden weniger leicht unser Gleichgewicht verlieren und uns in einer Abwärtsspirale verfangen.

Eine bekannte und äußerst lehrreiche Geschichte aus dem Leben Buddhas macht deutlich, wie ein breiteres, überpersönliches Verständnis unserer Situation in Schwierigkeiten eine echte Hilfe sein kann.

Exkurs: Die Geschichte von den Senfkörnern

Kisa Gautami war eine junge, glücklich verheiratete Frau, die ein recht wohlhabendes Leben führte. Als ihr Sohn etwa ein Jahr alt war, erkrankte er schwer und starb kurz darauf. Die Mutter verzweifelte vor Trauer über den Tod ihres einzigen Kindes. Wehleidend und schluchzend nahm sie ihr totes Baby in die Arme und ging von Haus zu Haus, um zu fragen, wie man das Baby wieder zum Leben erwecken könne. Natürlich konnte ihr niemand helfen, doch Kisa Gautami gab nicht auf. Nach einer Weile traf sie jemanden, der ihr riet, zu Buddha zu gehen.

Dem Ratschlag folgend suchte sie Buddha auf und klagte ihm, noch immer schluchzend und das Baby tragend, ihr Leid. Der Buddha hörte sich ihre Geschichte voller Mitgefühl an und sagte: »Kisa Gautami, es gibt nur einen Weg, wie man dein Problem lö-

sen kann. Geh und finde ein paar Senfkörner von einer Familie, in der es noch keinen Tod gegeben hat.« Voller Hoffnung machte die junge Frau sich sofort auf den Weg, um diese Senfkörner zu finden. Doch wohin sie auch kam, wen sie auch fragte, wie lange sie auch suchte, überall war schon mal jemand gestorben. Natürlich konnte sie keine einzige Familie finden, in der es noch keinen Todesfall gegeben hat.
Mit der Zeit erkannte sie, dass Tod und Verlust, wenn auch schwierig auszuhalten, so doch ein unvermeidbarer Teil des Lebens sind. Als sie verstand, dass eine geliebte Person zu verlieren weniger persönlich ist, als sie bisher fühlte, konnte sie ihre Trauer, die sie vorher fast in den Wahnsinn getrieben hatte, langsam überwinden. Sie kümmerte sich um die Bestattung ihres toten Kindes und kehrte dann zu Buddha zurück, um seine Schülerin zu werden.

Die Erfahrung, die die junge Frau auf der Suche nach einer Familie ohne Todesfälle machte, öffnete ihr die Augen und ließ sie, selbst in einer der schwierigsten Situationen, die man sich vorstellen kann, verstehen, dass unser Leid nicht so persönlich ist. Vielleicht kennen Sie das auch aus eigener Erfahrung. Geht es uns wirklich schlecht und leiden wir, entsteht leicht das Gefühl, ungerechtfertigt leiden zu müssen, und der Vorwurf, warum gerade wir leiden müssen: »Warum ich? Warum geht es mir so schlecht und warum hat sich die ganze Welt gegen mich verschworen?« Sind wir aber in der Lage zu sehen, dass dem eigentlich nicht so ist, wir nicht die Zielscheibe sind und dass ähnliches oder größeres Leid die Regel, nicht die Ausnahme unseres menschlichen Daseins ist, dann relativiert sich dieses Gefühl. Damit löst sich der Schmerz nicht automatisch auf, doch eine realistische Perspektive erlaubt es uns, auch andere Dinge wahrzunehmen und aus dem fatalistischen Teufelskreis auszubrechen.
Schauen wir uns auch kurz an, in welcher Weise Buddha der

Frau geholfen hat, zu dieser Erkenntnis zu gelangen. Stellen Sie sich vor, er hätte auf ihr Klagen wie folgt geantwortet: »Hör mal zu, Kisa Gautami, dein kleiner Sohn ist tot. Nimm das nicht so persönlich. Vergänglichkeit ist allgegenwärtig, und der Tod unserer Geliebten ist ein Teil des Lebens. Das passiert jedem von uns früher oder später.« Eine solche Antwort wäre wohl kaum zu ihr durchgedrungen und hätte ihr, obwohl faktisch nicht falsch, kaum genützt. Mitgefühl benötigt auch Einfühlsamkeit sowie die Weisheit, welche Art von Hilfe in einer Situation angebracht ist.
Was Buddha sehr deutlich sah, war die besondere Kraft der Erfahrung. Ein intellektuelles Verständnis einer Situation kann eine Grundlage sein, wird uns jedoch, wenn es hart auf hart geht, nicht wirklich helfen. Wir können natürlich nicht jede mögliche Erfahrung vorwegnehmen. Integrieren wir aber ein achtsames Mitgefühl in unseren Alltag und werden uns bewusst, wie weit verbreitet Schmerz, Leiden und Verlust ist, so werden wir unsere persönlichen Schwierigkeiten in einem neuen Licht sehen können.

Das Hauptthema dieser Geschichte ist natürlich Tod und Vergänglichkeit und ich denke, es steht stellvertretend für viele Formen des Leidens, denen wir uns ausgesetzt fühlen mögen. Personen, Situationen und Dinge, die uns lieb sind, können nicht für immer bleiben, und Dinge, Situationen und Personen, die uns nicht lieb sind, können wir nicht immer auf Abstand halten.
Daher lassen sich Verlust und Schmerz nicht vermeiden. Es liegt in der Natur aller Phänomene: Sie entstehen und sie vergehen wieder. Doch sich hilflos und ausgeliefert zu fühlen oder diese Wahrheit zu verdrängen, hilft wenig. Vielmehr liegt unsere Möglichkeit darin, zu beeinflussen, wie sehr wir an der Veränderung leiden. Schauen wir der Wahrheit ins Auge, so

haben wir eine reale Chance, sinnvoll damit umzugehen und sogar daran zu wachsen.

Sind wir uns der Ungewissheit unseres Lebens gewiss, und verstehen, dass das Einzige, was sich niemals verändert, die Tatsache ist, dass sich alles verändert, dann können wir die Oberhand gewinnen. Unsere Erwartungen (und Befürchtungen) werden zunehmend realistischer: Egal wie angenehm (oder unangenehm) eine Erfahrung ist, wir wissen, dass sie nicht bleiben kann!

Auch durch Nicht-Wissen-Wollen ändert sich nichts an dieser Tatsache. Wir hätten nur den Nachteil, weniger vorbereitet zu sein. In gleicher Weise, wie das Gesetz der Schwerkraft weder positiv noch negativ ist, ist auch Veränderung weder gut noch schlecht. Fällt uns ein schwerer Stein auf den Fuß oder rutscht uns ein teures Kristallglas aus der Hand, verstehen wir die Auswirkungen der Schwerkraft besser und treffen in der Zukunft Vorkehrungen, in rechter Weise damit umzugehen. Sicherlich käme niemand auf die Idee, nichts über Schwerkraft wissen zu wollen, weil die Erfahrung zu schmerzhaft war. In ähnlicher Weise sind wir in einer besseren Position, wenn wir das Gesetz der Vergänglichkeit verstehen. Es kann Verlust bedeuten, doch ebenso Reichtum und Möglichkeiten. So kann uns noch mehr Positivität daraus erwachsen.

Gingen wir fälschlich davon aus, dass alles so bleibt, wie es ist, dann würde es eigentlich keine Rolle spielen, ob wir unserem Partner heute oder später sagen, wie sehr wir ihn/sie lieben. Verstehen wir jedoch, dass unser Dasein nicht unbegrenzt ist, dann können wir das Beste aus der gemeinsamen Zeit machen. Vergänglichkeit erinnert uns daran, unser Leben zu nutzen und nicht einfach vorbeiticken zu lassen. Achtsamkeit hilft uns, den Reichtum unseres Lebens bewusster zu erfahren, statt uns geistig ständig in Vergangenheit und Zukunft zu verfangen. Ebenso schärft sie unser Mitgefühl und lässt uns deutlicher sehen, dass auch andere Wesen Schwierigkeiten haben. Sie relativiert so unsere Erfahrung.

Vorbereitet sein

Die psychologische Forschung hat sich recht ausführlich mit der Frage beschäftigt, was dazu beitragen kann, dass Menschen erfolgreich mit Schwierigkeiten umgehen können: Was macht uns resilient und wie schaffen es manche, an leidvollen Situationen zu wachsen und mit mehr Sinn und Kraft aus ihnen hervorzugehen?

Obwohl der Schwerpunkt dieser Forschung, wie allgemein in der Psychologie üblich, für lange Zeit vorrangig defizitorientiert war, hat sich mittlerweile herauskristallisiert, dass positive Gefühle auch bei der Bewältigung von Schwierigkeiten eine Rolle spielen. Menschen, die es schaffen, auch in schmerzhaften Situationen wie dem Verlust eines nahen Angehörigen oder Lebenspartners eine positive Lebenseinstellung zu wahren und gute Gefühle zu erleben, scheinen insbesondere auf drei Mechanismen zurückzugreifen: Sie sind in der Lage, eine schwierige Situation neu zu bewerten, sodass sie das Geschehen in einem positiveren Licht erleben oder Sinn darin erfahren können. Sie sehen also das sprichwörtliche Glas eher als halb voll als halb leer. Sie schaffen es, sich auf das wirkliche Problem zu konzentrieren und sich auf konkrete Ziele auszurichten. Damit geht auch einher, dass sie weniger zur Verallgemeinerung neigen und der Schmerz und die Belastung, die sie erleben, sich weniger in andere Lebensbereiche ausdehnt. Eine weitere Fähigkeit besteht darin, auch in normalen Gegebenheiten etwas Bedeutendes und Positives zu sehen.

Befinden wir uns in einer schwierigen, belastenden Situation, dann wäre es daher sicherlich ein guter Rat, sich dieser drei Strategien zu erinnern. Natürlich wird es uns leichter fallen, dies zu tun, wenn wir sie geübt haben oder sie sogar zu einer geistigen Gewohnheit geworden sind. Von buddhistischen Lehrern können wir daher häufig den Ratschlag hören, alle Schwierigkeiten im Leben freudvoll als Lehrmöglichkeit oder Übungsfeld zu betrachten. Steuern wir unser Leben in Richtung *Flourishing*, so werden diese Fähigkeiten fast automatisch erwachen, insbesondere wenn wir uns darum bemühen, eine achtsame, mitfühlende Geisteshaltung zu kultivieren. In Abbildung 7 sehen wir, welche Einflüsse und Mechanismen beim Umgang mit Schwierigkeiten und in ihrer Bewältigung aus psychologischer Sicht eine Rolle spielen. Im Wesentlichen handelt es sich um ein Modell, wie es üblicherweise in der Stressforschung Verwendung findet. Dabei werden eine Vielzahl sozialer, kognitiver und emotionaler Faktoren und deren Interaktion mit physiologischen Prozessen berücksichtigt. Es würde zu weit gehen, dieses Modell im Detail zu besprechen. Für unseren Zweck ist von Bedeutung, dass es verdeutlicht, welche Faktoren unser Erleben und unsere Reaktion auf schwierige und stressvolle Situationen beeinflussen. So bekommen wir eine Idee davon, wo wir die Möglichkeit haben vorzubeugen und einzugreifen, um Dinge zum Besseren zu verändern.

Dreh- und Angelpunkt dieses Modells ist das Wechselspiel psychologischer und physiologischer Reaktionen, die auf eine als bedrohlich oder belastend eingeschätzte Situation folgen. Die drei schon genannten Mechanismen positiver Bewältigung sind hier anzusiedeln. Ebenso zeigt die Forschung recht deutlich, dass die Interaktion zwischen psychologischen und physiologischen Faktoren unsere Gesundheit nachhaltig beeinträchtigen kann. Herz-Kreislauf-Erkrankungen, Osteoporose, Diabetes, Demenz und sogar frühzeitiger Tod werden im direkten Zusammenhang mit den Folgen von anhaltendem Stress gesehen. Besonders schädlich für unsere Gesundheit ist,

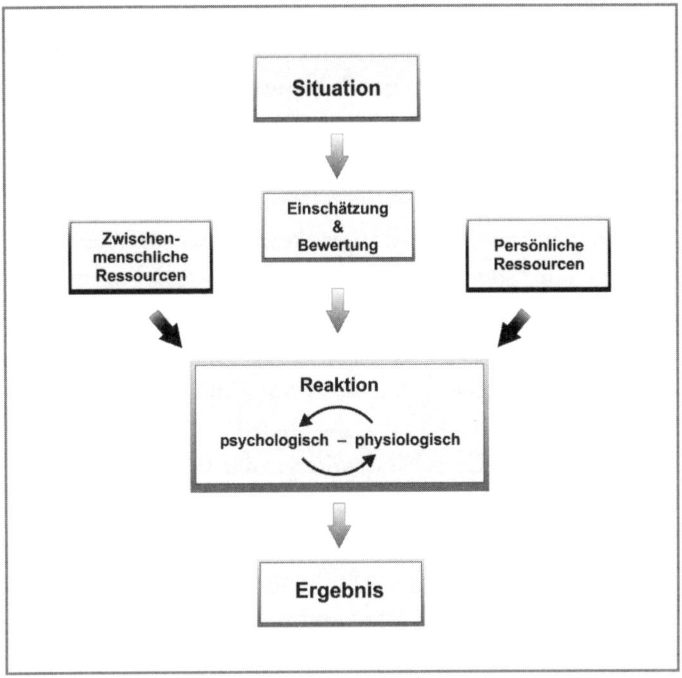

Abbildung 7: *Schaubild der Prozesse und Faktoren, die beeinflussen, wie eine potenziell belastende Situation erlebt wird*

so zeigt sich, wenn Stress chronisch wird, entweder aufgrund andauernder Belastung durch unsere Lebensumstände (zum Beispiel Beruf oder eine gefährliche Umwelt) oder weil wir eine chronische Negativbewertung unserer Erfahrungen aufrechterhalten. Biologisch betrachtet ist der Effekt einer solchen chronischen Belastung, dass die physiologische Stressreaktion nicht heruntergeregelt wird und der Körper dadurch kontinuierlich einem gesteigerten Maß an Stresshormonen ausgesetzt ist. Im Gehirn schlägt sich dies besonders im Hippokampus nieder, einem Bereich tief im Inneren, der besonders an Gedächtnisprozessen beteiligt ist und sensitiv für das Stresshormon Kortisol ist. Es wird vermutet, dass die Schädigung des

Hippokampus einerseits direkt an der Entwicklung von Demenz beteiligt ist, die resultierenden Gedächtnisschwierigkeiten jedoch zusätzlich zu einer Fehleinschätzung verschiedener Lebenssituationen führen können, was wiederum zu einer Zunahme an chronischem Stress führen kann. Dies ist nur ein Beispiel, in welcher Weise diese Prozesse unsere Gesundheit und unser Leben beeinträchtigen können. Chronische Überlastung kann zudem zu einer zunehmenden Erschöpfung der körpereigenen Stressreaktion führen, sodass das Zusammenspiel mit einer gegenläufigen Entzündungsreaktion außer Balance gerät, was zu einer Anfälligkeit des Immunsystems führt. Der Forschungsbereich der Psychoneuroimmunologie beschäftigt sich ausführlichst damit, wie das Immunsystem und damit unsere Gesundheit durch unser Empfinden, Fühlen und Denken beeinflusst wird. In diesem Zusammenhang ist eine Studie von Interesse, die darauf hindeutet, dass die Schulung in Achtsamkeit auch zu einer Verbesserung der Immunreaktion führt. Teilnehmer an einem achtwöchigen Achtsamkeitskurs (MBSR) wurden zu Beginn mit einem Grippevirus geimpft. Verglichen mit einer Kontrollgruppe zeigte sich bei den Teilnehmern ein schnellerer Anstieg der Abwehrstoffe, den man als eine effektivere Reaktion des Immunsystems deuten kann. Bisher gibt es jedoch nur eine Studie zu diesem Thema, und wie eine Schwalbe noch keinen Sommer macht, muss man mit der Interpretation einer einzelnen Studie ebenso vorsichtig sein. Da mittlerweile aber eine Vielzahl von Studien nachgewiesen hat, dass Achtsamkeitskurse sehr effektiv unseren erlebten Stress reduzieren können und so unsere Gesundheit positiv beeinflussen, scheint es plausibel, dass sich dies auch in der Funktion des Immunsystems zeigt.
Die Frage der Angemessenheit und Adaptivität unserer Reaktionen auf potenziell belastende Erlebnisse wurde aber auch aus anderer Richtung betrachtet. Anhand verschiedener Tests

und Fragebögen wurde ermittelt, wie emotional resilient die einzelnen Teilnehmer einer Studie waren, wie flexibel sie ihren emotionalen Zustand an eine gegebene Situation anpassen können, um so optimal vorbereitet zu sein. Bei emotional resilienten Teilnehmern kehrte auch das Herz-Kreislauf-System nach einer belastenden Situation schneller in den Ruhezustand zurück. Ein ähnlicher Effekt war zudem in Veränderungen der Gehirnaktivität in einem Bereich, der als Inselkortex (*insula*) bezeichnet wird, feststellbar. Von diesem Gehirnbereich weiß man, dass er an der Verarbeitung emotionaler Information beteiligt ist und seine Aktivität zum Beispiel bei Erwartungsangst erhöht ist. In dieser Studie zeigte sich, dass sich bei Teilnehmern mit geringer emotionaler Resilienz die Aktivität im Inselkortex sehr schnell erhöhte, wenn sie erwarteten, dass ihnen sehr unangenehme Bilder (beispielsweise verstümmelte Körper) dargeboten würden. Zudem flachte diese Aktivität nur sehr langsam ab. Bei Teilnehmern mit hoher emotionaler Resilienz war der Anstieg der Aktivität deutlich geringer und die Aktivität kehrte schnell wieder zum Ruhezustand zurück. Die emotionale Flexibilität der Probanden war demnach direkt mit physiologischen Prozessen und spezifischer Gehirnaktivität verbunden. Erste Studien legen weiterhin nahe, dass die Fähigkeit, die eigenen Emotionen in angebrachter Weise anzupassen, durch das Vorhandensein positiver Emotionen gesteigert wird. Auch die Fähigkeit, selbst in negativen Situationen eine Bedeutung zu sehen, trug dazu bei. Ist unsere emotionale Reaktion flexibel und angemessen, so ist es viel weniger wahrscheinlich, unter chronischer Belastung zu leiden. Der *Broaden-and-Build*-Effekt scheint also eine gute Grundlage für die Entwicklung emotionaler Resilienz zu sein.

Diese Ergebnisse sind aus zwei weiteren Gründen hoch interessant. Zum einen zeigen erste Studien, dass der Inselkortex durch Meditationspraxis in Struktur und Funktion veränderbar scheint, und zum anderen scheint ein Ratschlag zum Umgang mit Schwierigkeiten, den ich mehrmals von Lama Ole bekommen habe, hier wissenschaftlich untermauert zu werden. Schauen wir uns zuerst an, was wissenschaftliche Studien zu dem Zusammenhang zwischen Inselkortex und Meditation zu sagen haben. Zwei Studien haben untersucht, in welcher Weise sich Gehirnstrukturen von Meditierenden und Nichtmeditierenden unterscheiden. Es wurde deutlich, dass Meditierende mit ausgiebiger Erfahrung in einer Form von Achtsamkeitsmeditation (*Vipassana*/Einsichtsmeditation) in verschiedenen Arealen eine deutlich dickere Gehirnrinde (Kortex) hatten und dass die Konzentration der grauen Substanz (Bereiche, die vorrangig aus Nervenzellkörpern bestehen), in verschiedenen Bereichen ebenfalls deutlich erhöht war. Im Inselkortex war der Unterschied zwischen Meditierenden und Nichtmeditierenden in beiden Studien besonders deutlich ausgeprägt. Weitere Studien deuten auf die funktionelle Bedeutung solcher Unterschiede hin. Konzentrierten sich Probanden, die an einem achtwöchigen Achtsamkeitskurs (MBSR) teilgenommen hatten, auf gegenwärtige Erfahrungen, so war eine deutliche Abnahme der Gehirnaktivität im dorsomedialen präfrontalen Kortex zu beobachten. Dieser Bereich des Gehirns, der an der Mittellinie im vorderen Teil des Gehirns liegt, ist unter anderem eng mit der emotionalen Bewertung unserer Erlebnisse in Bezug auf unser Selbst verbunden. Demgegenüber nahm die Aktivität in einem Netzwerk von Gehirngebieten in der rechten Gehirnhälfte zu, wobei der Inselkortex besonders deutlich beteiligt war. Dieses Netzwerk wird mit einer Bewusstheit körperlicher Empfindungen in Zusammenhang gebracht, die emotional eher neutral ist. Bei den Meditierenden war die Aktivität, die mit einer emotional bewertenden Ich-Vorstellung zu tun hat, von der eher neutraler Bewusstheit körperlicher Prozesse zu einem gewissen Grad entkoppelt. Dass diese Entkoppelung auch Bedeutung für die Gefühlsverarbeitung hat, zeigte eine weitere Studie. Nach Teilnahme an dem gleichen Programm zur Entwicklung von Achtsamkeit wurde den Probanden ein Film gezeigt, von dem man weiß, dass er auf die Tränendrüsen drückt, Traurigkeit auslöst. Obwohl die Meditierenden und die Kontrollgruppe vom gleichen Ausmaß an Traurigkeit berichteten, unterschied sich ihre Gehirnaktivität deutlich. Wiederum war das Netzwerk in der rechten Gehirnhälfte, einschließlich des Inselkortex, nur bei den Meditierenden aktiv. Alle Teilnehmer hatten zudem vorher einen Depressionsfragebogen ausgefüllt. Die so ermittelten individuellen Depressionswerte wurden nun in Zusammenhang mit der Gehirnaktivität gebracht: Je niedriger der Depressionswert war, umso höher war die Aktivität im Inselkortex. In der Gehirnaktivität bildet sich demnach die Fähigkeit ab, sein Erleben bewusst vom emotionalen Ich-Bezug zu befreien, indem wir unsere Erfahrung auf eine weniger zwingende Ich-Erfahrung verlagern.

In einer weiteren Studie zeigte sich, dass der Inselkortex auch bei der Entwicklung von Mitgefühl eine Rolle spielt. Bei Langzeitmeditierenden der tibetisch-buddhistischen Tradition waren während einer Mitgefühlsmeditation die Aktivität im Inselkortex (insbesondere in der linken Gehirnhälfte) und die Herzschlagrate besonders deutlich gekoppelt. Die Herzschlagrate war erhöht, wenn auch die Aktivität im Inselkortex erhöht war. Zudem entsprach die Gehirnaktivität, die bei den Probanden während der Meditation beobachtet wurde, im Großen und Ganzen dem Aktivitätsmuster, das auftritt, wenn Probanden gebeten werden, sich den Schmerz einer anderen Person bildhaft vorzustellen. Die Entwicklung von Mitgefühl scheint sich also sowohl auf körperlicher Ebene (Herzschlag) als auch auf der Ebene der Gehirnaktivität (Inselkortex) auszudrücken.

Da der Inselkortex eine so wichtige Rolle bei der Veränderung emotionaler Verarbeitungsmuster durch Achtsamkeits- und Mitgefühlsmeditationen spielt und wir zudem gesehen haben, dass die Flexibilität der Inselkortexaktivität mit emotionaler Resilienz in Verbindung gebracht wird, können wir Folgendes vermuten: Die emotionale Freiheit, die sich durch Meditation erreichen lässt, drückt sich in gewissem Maße in Veränderungen des Inselkortex und mit ihm in Verbindung stehenden Gehirnbereichen aus.

Doch kommen wir von unserem Ausflug ins Gehirn und der Betrachtung grundlegender Mechanismen zu konkret umsetzbaren Aspekten zurück. Wie ich vor unserem Exkurs erwähnt habe, stehen die Ergebnisse zum erfolgreichen Umgang mit belastenden Situationen in direktem Zusammenhang mit einem Ratschlag, den Lama Ole zu diesem Thema gibt. Wie schon erwähnt raten buddhistische Lehrer generell, jede Schwierigkeit als Gelegenheit für Lernen und Wachstum zu sehen. Lama Ole wird an diesem Punkt noch etwas konkreter. Schaffen wir es, unangenehme Situationen durchzustehen und sinnvoll mit ihnen umzugehen, dann, so sagt er, werden wir fast automatisch zu Fachleuten auf dem Gebiet. Haben wir selbst eine Situation durchlebt und Schwierigkeiten am eigenen Leib erfahren, so werden wir in der Lage sein, anderen Menschen in ähnlichen Situationen in viel besserer und überzeugenderer Weise zu helfen als jemand, der nur in einem Buch über die theoretische Möglichkeit eines solchen Problems gelesen hat. Und, so fügt der Lama hinzu, sehr bald nachdem wir eine Schwierigkeit gemeistert haben, werden wir uns in einer Situation wiederfinden, in der unsere gewonnene Erfahrung und Expertise benötigt wird. Das hörte sich für mich zuerst nach einer netten, trostreichen Perspektive an, doch – und das erstaunt mich noch immer – stellte ich zu meiner Überraschung nach einiger Zeit fest, wie wahr und präzise diese Aussage ist. Mehrmals nur wenige Tage nach Überwindung einer Schwierigkeit, wenn ich emotional wieder mehr Freiraum hatte, suchte ein Freund oder Bekannter Rat und Unterstützung, und zwar genau zu dem Thema, zu dem ich kurz vorher nichts von Bedeutung hätte beitragen können. Durch diese Beobachtung sensibilisiert, forschte ich etwas nach und stellte fest, dass einige meiner Freunde genau die gleiche Erfahrung gemacht hatten. Ist man grundlegend von dem Wunsch, anderen Menschen zu helfen, motiviert, scheinen sich die Möglichkeiten, dies auch umzusetzen, in vielfältiger Weise zu eröffnen. Und sicherlich kann man sich gut vorstellen, dass auch Kisa Gautami nach der Erfahrung mit ihrem verstorbenen Kind ein wirklich vertrauenswürdiger Ratgeber für andere Mütter in einer ähnlichen Situation gewesen ist.

Praktische buddhistische Weisheit gibt hier offensichtlich einen Ratschlag, der völlig im Einklang mit psychologischen Erkenntnissen ist: Wir können eigene Schwierigkeiten besser bewältigen, wenn wir sie in einem größeren Zusammenhang sehen und ihnen etwas Positives abgewinnen. Haben wir grundlegend eine eudämonisch ausgerichtete Lebensvorstellung und den Wunsch, ein bedeutungsvolles Leben zu führen, das auch anderen Wesen nutzt, dann wird es uns offensichtlich viel leichter fallen, Schwierigkeiten als Möglichkeiten für Wachstum zu sehen.

Dies bringt uns gleich zu einem weiteren Aspekt, der mit einer erfolgreicheren Problembewältigung zu tun hat. Die Forschung zeigt, dass instabile Beziehungen und Unsicherheit bezüglich der eigenen sozialen Beziehungen bedeutende Risikofaktoren sind und es viel wahrscheinlicher machen, dass jemand unter einer Lebenskrise leidet und diese einen negativen Ausgang findet. Die Umkehrung davon ist natürlich, dass soziales Engagement und soziales Eingebundensein zu den Faktoren gehören, die es leichter machen, Schwierigkeiten relativ unbeschadet zu überstehen. In unserem Schaubild (Abbildung 7) ist dieser Aspekt auf der linken Seite als zwischenmenschliche Ressourcen beschrieben.

Die Bedeutung sozialer Verbindungen wird in einer faszinierenden Untersuchung deutlich zum Ausdruck gebracht. In einer Langzeitstudie wurden über mehr als dreißig Jahre etwa zwölftausend Personen untersucht, die alle Teil eines ausgedehnten Netzwerks waren. Es zeigte sich, dass die Wahrscheinlichkeit, selbst glücklich zu sein, um fünfzehn Prozent erhöht war, wenn einer der direkten Kontakte glücklich war. Doch die Wirkung war noch breiter: War ein indirekter Kontakt ersten Grades glücklich (nur eine Person Abstand im Netzwerk), war die Wahrscheinlichkeit, glücklich zu sein, noch immer um zehn Prozent erhöht. Und selbst wenn nur ein Freund eines Freundes eines Freundes glücklich war, war es um sechs Prozent wahrscheinlicher, dass jemand auch glücklich war. Sechs Prozent scheint unbedeutend. Daten der gleichen Studie zeigen jedoch, dass ein Anstieg im Jahreseinkommen um zehntausend Dollar die Wahrscheinlichkeit, glücklich zu sein, um nur zwei Prozent erhöhte. Man kann sich daher sehr wohl fragen, wie viel Energie man in soziale Beziehungen investieren will.

Weitere Studien zeigen auch, dass das Risiko, an einer Herz-Kreislauf-Erkrankung zu sterben, bei Menschen mit weniger sozialen Kontakten fast doppelt so hoch ist und – obwohl die Wahrscheinlichkeit sich zu infizieren geringer ist – es doppelt so wahrscheinlich ist, dass sie sich eine Erkältung einfangen. Sind wir glücklich verheiratet, so ist dies ebenfalls gut für unsere Gesundheit. In einer Studie wurden zweiundvierzig Ehepaaren kleine Wunden am Arm zugefügt, und der darauf folgende Wundheilungsprozess wurde genau verfolgt. Bei den Ehepaaren, die von Feindseligkeiten in ihrer Beziehung berichteten, dauerte der Wundheilungsprozess fast doppelt so lange wie bei den nicht belasteten Paaren. Insgesamt deuten Daten sogar darauf hin, dass die Qualität unserer sozialen Beziehungen einen stärkeren Einfluss auf unsere Gesundheit hat als die anderen Risikofaktoren, vor denen die Wissenschaft warnt.

Doch wie wir wissen, sind zwischenmenschliche Beziehungen nicht immer positiv und können sogar Ursache für schwerwiegendste Belastungen sein, insbesondere wenn wir uns schlecht oder ungerecht behandelt fühlen und der Negativität einer anderen Person, einem Übergriff oder einer Kränkung ausgesetzt wurden. Aufgrund verschiedener Situationen mögen wir uns beleidigt oder verletzt fühlen oder wegen einer Ungerechtigkeit Groll oder Zorn gegen jemanden hegen. Es steht außer Zweifel, dass Zorn zu hegen oder sich für längere Zeit unter derartigem Druck zu fühlen, für uns selbst sehr ungesund ist. Daher stellt sich die Frage, wie wir in bester Weise mit einer solchen Situation umgehen können.

Es ist wiederum wichtig, unsere Situation mit Achtsamkeit zu beobachten, Generalisierungen zu vermeiden und uns zu erinnern, dass wir eine Wahl haben. Hat uns jemand schlecht behandelt oder Schaden zugefügt, dann müssen wir diese Situation nicht verschlimmern, indem wir durch unsere emotionale Reaktion weiteren Schaden hinzufügen. Das ist jedoch leichter gesagt als getan. Fühlen wir uns in dieser Weise in die Enge getrieben und unter Druck gesetzt, ist es nicht so leicht, andere Möglichkeiten zu sehen außer Vergeltung oder das Hinhalten der anderen Wange. Das Leben ist jedoch nicht so schwarz und weiß. Es gibt einen Mittelweg, bei dem wir weder Vergeltung üben, uns aber auch nicht aufopfern. Dabei hilft es, unsere praktische Reaktion von unserer emotionalen Reaktion zu unterscheiden. Es kann durchaus der Fall sein, dass wir jemandem »technisch« verzeihen, indem wir eine Pflicht erlassen, einen Übergriff ignorieren, auf eine Forderung verzichten oder einen Vorwurf fallen lassen, uns aber noch immer verletzt fühlen und unter der Situation leiden. Ebenso können wir unseren Vorwurf oder unsere Forderung aufrechterhalten, aber emotional im Reinen mit uns sein.

Obwohl die beiden Zugänge nicht völlig unabhängig sind und die Entscheidung, jemandem »technisch« zu verzeihen, auch zu einem emotionalen Verzeihen führen kann, spielt für unser *Flourishing* unsere emotionale Reaktion die entscheidende Rolle. Die einzige Weise, uns wirklich von der emotionalen Belastung zu befreien, ist, dass wir der Person aus ganzem Herzen verzeihen. Es geht hier nicht darum, Vergehen zu verharmlosen, und ich sage auch nicht, dass es immer leicht wäre. In schwierigen Situationen kann es lange Zeit dauern, bis wir wirklich verzeihen können. Doch letztendlich tun wir uns damit selbst den größten Gefallen. Können wir verzeihen, haben wir zudem mehr emotionale Freiheit, auf die Handlung unseres Peinigers in der sinnvollsten Weise zu reagieren und so möglicherweise auch noch zukünftigen Schaden zu vermeiden. Mit mitfühlender Achtsamkeit und genügend Vertrauen in die eigenen Stärken können wir dann auch das kraftvollste geistige Mittel in dieser Situation verwenden: der Person, die uns geschädigt hat, von ganzem Herzen immer wieder das Beste wünschen, so lange, bis wir es wirklich fühlen. So wird sich in unserem Erleben die negative Verbindung zu dieser Person auflösen, und wir können uns freier fühlen.

Ich kann mir gut vorstellen, dass Ihnen im ersten Moment bei dieser Vorstellung die Haare zu Berge stehen. Trotzdem bin ich überzeugt, dass dies die beste Methode ist, unsere innere Freiheit zurückzugewinnen. Letztendlich erkennen wir damit auch an, dass Mitgefühl stärker ist als Hass. Und wie gesagt bedeutet Verzeihen nicht, zu entschuldigen oder eine schädliche Handlung gutzuheißen – es bedeutet, dass wir uns innerlich befreien. Sehr wohl kann und soll sich beispielsweise ein Übeltäter vor Gericht seiner Vergehen verantworten. Sehr wohl kann ich mich in einer Weise ausdrücken und verhalten, die dem anderen Grenzen aufzeigt oder ihn in die Schranken verweist. Verzeihen hat vielmehr mit meiner inneren, emotionalen Freiheit zu tun, und die möchte ich mir nicht von jemand anderem beeinträchtigen oder nehmen lassen.

Wie wir sehen, ist der Aspekt der zwischenmenschlichen Beziehungen nicht vollends von anderen Aspekten zu trennen. Wie sehr wir fähig sind zu verzeihen, hängt von unseren persönlichen Ressourcen ab, die wir im rechten Teil des Schaubilds Nummer 7 abgebildet sehen. Und an diesem Punkt sind wir auch wieder bei dem *Broaden-and-Build*-Effekt angelangt, der für unser *Flourishing* so wichtig ist. Unsere persönlichen Ressourcen lassen sich natürlich dann am besten aufbauen, wenn wir noch nicht in Schwierigkeiten stecken. Vorbeugen ist besser als heilen. Daher ist es sinnvoll, in Zeiten, in denen es uns gut geht, unsere Reserven aufzubauen. Obwohl die Idee des Aufbaus von Ressourcen nach harter Arbeit klingen mag, ist die wirklich gute Nachricht, dass es der beste Weg ist, Spaß dabei zu haben!

Werfen wir noch einen letzten Blick auf Abbildung 7 (Seite 167). Bisher haben wir uns mit den verschiedenen Aspekten beschäftigt, die uns helfen können, als belastend eingeschätzte Situationen und Schwierigkeiten in guter Weise zu meistern. Wir haben gesehen, dass es verschiedene Möglichkeiten gibt, wie wir in einer derartigen Situation psychologisch reagieren können, und wir haben den Einfluss persönlicher und zwischenmenschlicher Ressourcen betrachtet. Was wir bisher noch nicht bedacht haben, ist der Punkt, an dem wir entscheiden, dass eine Situation belastend ist oder wir uns bedroht fühlen (Einschätzung & Bewertung). Wären wir tatsächlich in der Lage, in mehr Situationen einen klaren Kopf zu wahren und Bedrohung nur dort zu sehen, wo sie auch vorhanden ist, dann wäre das sicherlich die effektivste Weise. Dies ist der langfristige Nutzen, den uns Meditation bringen kann. Je ruhiger unser Geist wird, umso deutlicher können wir unsere Gewohnheitsmuster sehen, insbesondere die Gewohnheit, alles sofort zu bewerten. In Meditation üben wir, diese Tendenz immer mehr ins Leere laufen zu lassen, bis übereilte oder überzogene Bewertungen ihre Kraft verlieren. Die Frage, an der sich Psychologen seit Jahrzehnten die Zähne ausbeißen, nämlich welche Bewältigungsstrategien die besten sind, stellt sich viel weniger, wenn es nicht mehr viel zu bewältigen gibt!

In die Zukunft schauen

Wir wissen nicht, was uns die Zukunft bringen wird. Was kommen wird, lässt sich nicht vorhersagen. Gleichwohl beeinflussen wir mit jeder Entscheidung und jeder Handlung, wie unsere Zukunft aussehen wird. Damit liegt es in unserer Hand, ob unser Leben erblüht. Wir können es so ausrichten und gestalten, dass es uns und unserer Umwelt mehr Freude, Sinn und Erfüllung bringt.

Im Verlaufe des Buches habe ich Bedingungen des *Flourishing* aus psychologischer, buddhistischer und neurowissenschaftlicher Sicht beleuchtet und Ihnen hoffentlich ein paar Ideen und nützliche Ratschläge gegeben, wie sich dies im alltäglichen Leben umsetzen lässt.

Zum Abschluss möchte ich die wichtigsten Punkte zusammenfassen und nochmals in einen praktischen Rahmen stellen. Damit sich diese Ideen und Vorschläge auch wirklich entfalten können, ist es jedoch wichtig, die Grundprinzipien und Hintergründe zu verstehen. Keiner dieser Vorschläge kann ja von letztendlicher Bedeutung sein, und ich gebe sie auch nicht mit dem Anspruch, dass sie Heilmittel in allen Situationen und Lebenslagen seien. Versteht man aber den Hintergrund und die ihm zugrunde liegenden Prinzipien, so wird es viel einfacher, sie in flexibler, angemessener Weise einzusetzen. Das ist die Absicht dieses Buches. Und je mehr wir diese Grundprinzipien in unserem Leben und Erleben verankern können, umso weniger brauchen wir uns um das Kleingedruckte, die verschiedenen konkreteren Ratschläge, zu kümmern. Wir können sie eher als beispielhafte Hinweise und Gedankenstützen verstehen, die wir als Richtschnur und Erinnerung heranziehen können, die aber in keiner Weise unsere kreative Freiheit beschneiden sollen.

Flourishing und das gute Leben

Wollen wir die maßgeblichen Bedingungen für *Flourishing* in unser Leben bringen, so sind drei Punkte von entscheidender Bedeutung. Im Verlaufe des Buches habe ich in verschiedenen Zusammenhängen immer wieder auf sie hingewiesen. Fördern wir Achtsamkeit, Mitgefühl und Vertrauen, so erfährt unsere Entwicklung von Positivität einen nachhaltigen Schub, und auch die verschiedenen Bewältigungsstrategien können ihre volle Kraft entfalten. Zudem verstärken sich diese drei Aspekte gegenseitig. Sie befinden sich in einem kontinuierlichen Wechselspiel, das – sofern wir uns um ihre Kultivierung kümmern – die Aufwärtsspirale zum *Flourishing* in Schwung versetzt und in Bewegung hält.

Sind wir achtsamer, legen wir die Samen für mehr Mitgefühl und für mehr Vertrauen in grundlegende menschliche Qualitäten, die wir so zunehmend auch im eigenen Geist entdecken werden. Haben wir mehr Vertrauen in diese menschlichen Qualitäten, können wir uns mehr entspannen. Achtsamkeit agiert ungehinderter und Mitgefühl wächst, wenn wir uns

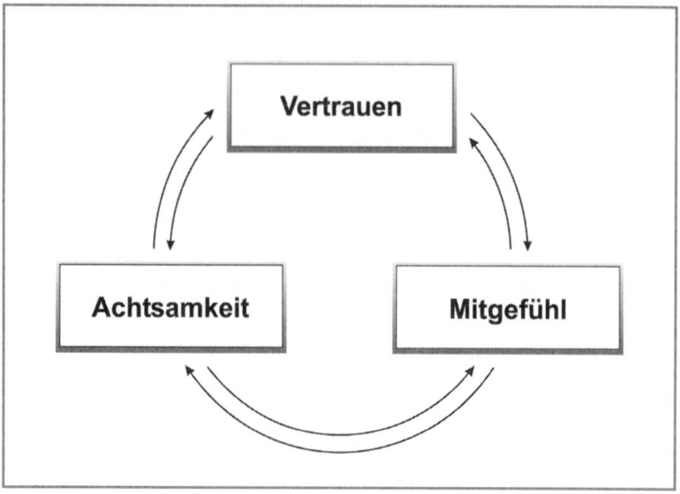

Abbildung 8: *Der* Flourishing-*Motor. Das Zusammenspiel dieser drei Anteile ist Grundlage und Antrieb für den Weg zu einem erfüllten Leben.*

weniger in Konfrontation mit anderen erleben. Stärken wir unser Mitgefühl, steigt die Achtsamkeit für alles, was um uns herum geschieht, insbesondere für das Glück und Leid unserer Mitmenschen. Zudem werden wir ebenfalls offener dafür, menschlichen Qualitäten wirklich zu vertrauen. An welchem Punkt wir auch beginnen, solange wir nicht den einen oder anderen Anteil völlig vernachlässigen, werden wir uns in Richtung *Flourishing* bewegen. Lassen Sie uns daher kurz rekapitulieren, was es mit diesen drei Anteilen auf sich hat.

Achtsamkeit

Durch Achtsamkeit können wir jeden Moment unseres Lebens bereichern. Indem wir eine Bewusstheit entwickeln, die es erlaubt, alle Erfahrungen ohne weitere Bewertung im Geist auftauchen zu lassen, können wir die innere Freiheit, den geistigen Freiraum schaffen, der es ermöglicht, unser Innenleben und unsere Beziehung zur Umwelt in sinn- und glückbringender Weise zu gestalten. Praktisch fördern wir diese Achtsamkeit durch kurze – aber regelmäßige – Meditationsübungen. Wir üben, unsere Aufmerksamkeit an einem Punkt, wie zum Beispiel unserer Atmung, zu halten und alle Ideen, Vorstellungen, Gefühle oder körperlichen Empfindungen als das zu sehen, was sie sind: Erfahrungen, die kommen und gehen. Doch obwohl die Erfahrungen während einer Meditationsübung angenehm sein können und dürfen, ist das nicht der eigentliche Zweck der Übung. Es geht darum, unser gesteigertes Feingefühl, das sich auf einen stabilen, konzentrierten Geist stützt, aus unseren Übungen in den Alltag zu überführen.

Mitgefühl

Ganz praktisch wird sich dieses Feingefühl in einer Zunahme überpersönlicher Liebe ausdrücken. Je weniger selbstbezogen wir sind, umso offener sind wir für den Wunsch nach Glück, wie ihn alle unsere Mitmenschen hegen. Verstehen wir, dass aktives Mitgefühl wie ein beständiger Wind in den Segeln ist, der uns immer müheloser durch ein erfülltes Leben gleiten lässt, hilft es, die geistige Gewohnheit zu entwickeln, von ganzem Herzen Glück zu wünschen und dies durch verschiedene Meditationen zu verstärken. Liebe, Mitgefühl, Mitfreude und Gleichmut, die vier Anteile umfassender, überpersönlicher Liebe, erinnern uns an die verschiedenen Facetten, auf die wir uns immer wieder besinnen können. Mit Großzügigkeit, gutem Verhalten, Geduld, freudiger Tatkraft, geistiger Stabilität und Weisheit können wir unsere Wünsche dann auch mehr und mehr in praktisches Handeln umsetzen. Wie wir gesehen haben, erinnert uns auch die Wissenschaft an die Bedeutung guter sozialer Beziehungen für geistiges sowie körperliches Wohlergehen.

Vertrauen

Vertrauen ist die dritte Kraft im Bunde, die es uns letztendlich ermöglicht, unsere persönlichen Begrenzungen zu überwinden und ein erfülltes Leben zu finden, jenseits von dem, was wir erhofft und erwartet haben. Vertrauen spielt auf verschiedenen Ebenen unseres Erlebens eine Rolle. Als Grundlage der Entwicklung von Achtsamkeit steht unser Vertrauen, letztendlich nur gewinnen zu können, wenn wir unsere geistigen Regungen und Impulse in unsentimentaler Weise beobachten. Unser Mitgefühl wird stärker, wenn wir jenseits oberflächlicher Unterschiede, die sich sowieso ständig ändern, schauen und das Potenzial für menschliche Entwicklung in uns selbst und in unseren Mitmenschen erkennen können. Und letztendlich machen wir uns selbst das größte Geschenk, wenn wir vertrauen können, dass sich die Vielfalt des geistigen Reichtums von selbst zeigt, wenn wir alle Hoffnungen und Befürchtungen fallen lassen und uns völlig im Moment des Erlebens zu Hause fühlen können.

Mit diesem Trio als solidem Fundament können wir uns in unkomplizierter Weise auf verschiedene andere Aspekte konzentrieren, die auf unserem Weg ins *Flourishing* eine Rolle spielen. Hier seien nur noch mal die genannt, die ich für besonders wichtig halte.

Glück, Sinn und Erfüllung

Grundlegend stellt sich die Frage, was wir mit unserem Leben tun wollen, was für uns wirkliche Bedeutung hat. In gewisser Weise habe ich diese Frage hier für Sie beantwortet, indem ich Ihren Wunsch nach einem erfüllten und erblühenden Leben vorausgesetzt habe. Es ist jedoch entscheidend, dass Sie für sich selbst aus tiefstem Herzen eine Antwort finden und sich immer wieder auf sie berufen. Dies kann Ihnen niemand abnehmen. Halten Sie daher von Zeit zu Zeit inne, um zu sehen, ob Ihr Leben tatsächlich in die Richtung geht, die Sie sich vorstellen. Allzu leicht können wir von dem Strom alltäglicher Geschäftigkeit und dem allgegenwärtigen Anreiz zu konsumieren ergriffen werden. Hedonistische, kurzfristige Vergnügungen können sehr anziehend erscheinen. Vergessen wir jedoch unsere eudämonischen Ziele, so kann unser momentanes Vergnügen sich schnell als Honig auf der Rasierklinge entpuppen.

Zeit

Eng damit verbunden ist das Thema Zeit. Wir wissen nicht, wie lange wir noch haben. Haben wir bestimmte Ziele im Auge oder Vorstellungen davon, was uns im Leben wichtig ist, ist es sinnvoll, die Weichen früh zu stellen. Viel zu leicht kommt etwas dazwischen. Je länger wir unsere wirklichen Ziele aufschieben, umso größer ist die Anstrengung, die wir später aufbringen müssen, um sie zu erreichen. Haben wir den Wunsch, körperlich fitter zu sein, um auf längere Sicht mehr vom Leben zu haben, macht es Sinn, so bald wie möglich mit kleinen Schritten (vielleicht mit Laufschritten) zu beginnen. Nach weiteren Jahren ohne sportliche Betätigung wird es deutlich schwieriger sein, die rostige Maschine wieder anzuschmeißen. Dies gilt jedoch nicht nur für unseren Körper. Unser Geist unterliegt einer Vielzahl von Gewohnheiten, die sich weiter verfestigen, solange wir sie nicht abbauen oder neue Gewohnheiten etablieren.

Eine weitere Facette wird in der chinesischen Parabel *Ya Miao Zhu Zhang* zum Ausdruck gebracht. Sie erzählt von einem Reisbauern, der völlig in seiner Arbeit aufging und Tag für Tag, morgens und abends, seine Reisfelder besuchte, um sicherzustellen, dass seine Saat gut wachse. Die Sprösslinge entwickelten sich, doch die Veränderungen waren ihm zu langsam. So wuchs seine Ungeduld, und eines Tages ging der Farmer in seine Felder und zog Pflanze für Pflanze jeden Sprössling sorgfältig etwas in die Länge, in der Hoffnung, sie so zu schnellerem Wachstum anzuregen. Als er am nächsten Morgen zu seinen Feldern zurückkehrte, um sich seines Erfolges zu erfreuen, stellte der Bauer voller Entsetzen fest, dass sämtliche Sprösslinge abgestorben waren.

Wir leben in einer Zeit, in der am liebsten alles sofort geschehen soll und sofortige Resultate erwartet werden. Unsere Umwelt macht dies in vielen Bereichen möglich: Internet-Shopping, Schmerzmittel, Hochgeschwindigkeitszüge oder Speed-Dating. An all dem ist nichts auszusetzen, solange wir nicht vergessen, dass wirkliche Veränderung Zeit benötigt und unserer Geduld bedarf. Und haben wir es mit menschlicher Entwicklung zu tun, so ist dies umso wichtiger. Wir können zwar ein Buch über *Flourishing* kaufen, doch um es in unserem Leben erwachen zu lassen, müssen wir mit Geduld die Grundlagen legen.

Statistisch gesehen nimmt unsere Lebenserwartung ständig zu. Tag für Tag wächst sie um mehr als fünf Stunden. Ist es nicht erstaunlich, unter immer mehr Zeitdruck zu stehen, obwohl wir immer mehr Zeit zur Verfügung haben?

Vergessen Sie nicht, sich Zeit zu nehmen, und genießen Sie es, die Zeit zu haben, etwas wirklich gründlich mit genügend Muße zu tun. Denken wir an unseren Weg zum *Flourishing*, ist es wichtig, dies zu verstehen und uns Zeit zu geben. Es bedeutet jedoch nicht, Glück und Erfüllung zu vertagen. Können wir uns an den kleinen Schritten erfreuen, so wird unser Leben reicher und reicher – und erste Resultate zeigen sich sehr bald.

Dankbarkeit und Großzügigkeit

Dankbarkeit und Großzügigkeit sind wie die beiden Seiten einer Medaille. Beide stärken die Verbindung zu unseren Mitmenschen, da wir uns für sie öffnen. Sind wir großzügig, geben wir jemandem die Möglichkeit, dankbar zu sein, und umgekehrt. Ausgedrückte Dankbarkeit ist ebenso eine Form der Großzügigkeit – wir teilen unsere guten Gefühle mit einer anderen Person.

Es kann unser Leben unglaublich bereichern, wenn wir mehr und mehr Achtsamkeit dafür entwickeln, wie viel andere Menschen dazu beigetragen haben, dass wir jetzt hier an diesem Punkt in unserem Leben stehen. Dies beginnt bei den großen historischen Heldentaten, die dazu führten, dass wir in einer demokratischen, freien Gesellschaft mit einem funktionierenden Sozialsystem leben, wir uns mit Themen wie *Flourishing* beschäftigen können und nicht um das bloße Überleben unserer Familie kämpfen müssen. Doch offen zu sein für all die kleinen, fast alltäglichen Gefälligkeiten und Dinge, die jemand für uns tut, ist von ebenso großer Bedeutung. Sie geben uns ein Gefühl davon, Teil einer funktionierenden Gemeinschaft zu sein, in der der einzelne Mensch zählt.

Den Möglichkeiten für Großzügigkeit und Dankbarkeit sind keine Grenzen gesetzt – entdecken Sie beide für sich und drücken Sie sie in passender Weise aus.

Verzeihen

Während Großzügigkeit und Dankbarkeit unser Netzwerk an Beziehungen bereichern und uns anspornen, können gestörte Beziehungen zu unseren Mitmenschen unnötiger Ballast sein und uns geistig und körperlich herunterziehen. Von ganzem Herzen zu verzeihen, hilft uns, diesen psychischen Ballast abzuwerfen und uns freier, schwung- und freudvoller zu fühlen. Mit der Gewissheit, dass schädliche Handlungen eigentlich stets ein Ausdruck von tiefer Verwirrung und Leiden sind, können wir einem Menschen viel einfacher verzeihen – und zwar ohne damit eine schädliche Handlung gutzuheißen.

Das Gegenstück zum Verzeihen ist das Entschuldigen! Stellen wir fest, selbst in unangemessener oder missverständlicher Weise gehandelt zu haben, hilft nur eins: sich so bald wie möglich zu entschuldigen. Wir wissen aus eigener Erfahrung, wie sehr das Gefühl, ungerecht behandelt worden zu sein, an uns nagen kann. Haben wir einen Fehler begangen, ist es daher angebracht, diesen so schnell es geht auszuräumen und unser Gegenüber so von dem Gefühl einer Ungerechtigkeit zu befreien. Statt Umständen zu erlauben, die Ursache für weitere Störungen und unnütze Handlungen zu werden, und unseren Geist zu belasten, können wir durch Verzeihen und Entschuldigen gestörte Beziehungen reinigen und so den geistigen Freiraum schaffen, den wir und andere zum Wachsen benötigen.

Wir sind nicht allein

Es kommt vor, dass die Frage gestellt wird, ob ein Buch wie dieses nicht etwas elitär sei, da man sich nur in den wohlhabenden, sicheren Teilen der Welt mit solchen »Luxusthemen« wie *Flourishing* beschäftigen könne. Diese Skepsis mag auf den ersten Blick nicht unbegründet erscheinen. Und würden wir hier nur über hedonistisches Glück und Leben nach dem Lustprinzip reden, würde ich der Sicht vermutlich sogar zustimmen. Doch was *Flourishing* angeht, bin ich mir sicher, dies *scheint* nur auf den ersten Blick so zu sein. Jedes Buch wird natürlich für eine bestimmte Leserschaft geschrieben. Und obwohl ich mir beim Schreiben auch des Leides in vielen der überbevölkerten Teile der Welt bewusst bin (in diesen Tagen entfaltet sich gerade eine große Flutkatastrophe in Pakistan, die für Tausende den Tod und für Millionen Entwurzelung bedeutet), schreibe ich dieses Buch doch zu einer bestimmten Zeit für bestimmte Menschen, Menschen, die daran interessiert sind, ihr Leben in die Hand zu nehmen und mehr Sinn, Glück und Erfüllung zu erfahren.

Nur wenige Bücher in der Welt haben den Anspruch, zu aller Zeit und überall in unveränderter Weise letztendliche Wahrheiten auszudrücken. Schaut man sich an, wie viel Unheil und Leid unter Berufung auf diese Bücher verursacht wurde, so halte ich mich lieber weit fern, wenn derartige Ansprüche geäußert werden.

Mein Wunsch und Anliegen ist vielmehr, den Lesern einen Weg ins *Flourishing* aufzuzeigen und dadurch dazu beizutragen, dass mehr Menschen ein erfülltes Leben erfahren. Jeder, der in seinem Leben mehr überpersönlichen Sinn, mehr Mitgefühl und mehr Vertrauen in menschliche Qualitäten verwirklicht, wird automatisch auch einen nützlicheren Beitrag zu unserer Gesellschaft leisten. Da habe ich keinerlei Zweifel. Sind wir in unseren eigenen Problemen gefangen, so haben wir weder die Weitsicht noch den Überschuss, etwas für unsere Mitmenschen zu wollen oder zu tun. Wir leben alle eingebettet in ein unendliches soziales Netzwerk. Wenn eine Person glücklich ist, so erhöht sich wie beschrieben die Wahrscheinlichkeit, dass das nächste Glied in diesem Netzwerk auch glücklich ist, um fünfzehn Prozent. Bei nahe zusammen lebenden Menschen kann dies sogar auf über dreißig Prozent ansteigen.

Eine derartige Perspektive kann sogar breitere gesellschaftliche Bedeutung erlangen. In dem buddhistischen Königreich Bhutan finden wir dafür zwei inspirierende Beispiele. Der buthanesische König Jigme Singye Wangchuck verordnete die Transformation seines Königreichs in eine demokratische Staatsform und führte das Land im Jahr 2008 zu ersten demokratischen Wahlen. Im gleichen Zeitraum verkündete er seinen Rücktritt und ernannte seinen Sohn zum Nachfolger. Ich kenne kein anderes historisches Beispiel, in dem ein König sich im Interesse des Landes selbst »entmachtet« und so die Türen für die weitere Modernisierung geöffnet hat. Noch viel interessanter war die Entscheidung Jigme Singyes, das sogenannte Bruttonationalglück (*Gross national happiness*) als Maßstab für den Fortschritt seines Landes über das übliche Bruttonationaleinkommen zu stellen. Bhutans Initiative, Fortschritt und Erfolg einer Regierung nicht ausschließlich in Form materieller Werte und wirtschaftlicher Zahlen zu bestimmen, weckt weltweit immer mehr Interesse, insbesondere natürlich in Zeiten, in denen unser Wirtschaftssystem etwas ins Wanken gerät. Verstehen wir besser, dass *Flourishing* sowohl unser persönliches geistiges und körperliches Wohlergehen als auch unser gesellschaftliches Engagement betrifft, lässt sich sehr wohl vorstellen, dass neben Nationaleinkommen auch das Nationalglück in einer Gesellschaft eine Rolle spielen kann. Letztendlich ist es eine Frage, wie sehr wir es wollen! Ein erfülltes Leben lässt sich nicht verordnen – doch wir können die Bedingungen dafür schaffen, dass mehr Menschen dies für sich entdecken können. Die ersten Schritte einer solchen Entwicklung können natürlich nur bei uns selbst beginnen.

Ein achtsamer Tag

Der Weg zum *Flourishing* beginnt an jedem Morgen neu!
Wie achtsam wir unsere erste Tasse heißes Wasser, Tee oder Kaffee zu uns nehmen, kann die Weichen für den ganzen Tag stellen. Schaffen wir es, im Augenblick präsent zu sein, oder sind wir in Vorstellungen, Hoffnungen, Erwartungen und Befürchtungen bezüglich unserer Arbeit gefangen? Warum nicht lieber das reiche Aroma des Kaffees genießen oder die vitalisierende Wirkung des warmen Wassers im Körper spüren, statt schon jetzt – lange bevor wir das Büro erreicht haben – die Zukunft vorwegzunehmen und uns selbst den Tag zu versauern? Mit Kaffeearoma in der Nase am Frühstückstisch sitzend fallen uns die Bauern ein, die mit ihrer Arbeit dafür sorgen, dass wir einen so köstlichen und reichen Beginn des Tages haben. In

der Tageszeitung lesen wir eine seltsame Darstellung, von der wir uns sicher sind, dass sie falsch und den gesellschaftlichen Werten, die uns wichtig sind, nicht förderlich ist. Wir markieren den Artikel und nehmen uns vor, einen Leserbrief zu schreiben, um die Redakteure wissen zu lassen, dass es auch andere ernst zu nehmende Sichtweisen dieser Situation gibt.

Dann begeben wir uns in unsere kleine Meditationsecke, um uns unserer zehnminütigen Meditation zu widmen. Stuhl oder Sitzkissen sowie die anderen liebgewonnenen Dinge, die unserer Meditation oder unserem Wohlgefühl hilfreich sind, stehen bereit, sodass wir nicht lange herumsuchen müssen. Wir lassen all die Gefühle, Gedanken und Vorstellungen wie Wolken am Himmel vorbeiziehen und sammeln unsere geistige Kraft, indem wir einfach *sind*. Bevor wir aufstehen, um uns auf den Weg zur Arbeit zu machen, schließen wir die Meditation mit dem Wunsch ab, immer mehr Sinn und Freude in unseren Tag zu bringen.

Auf dem Weg zur Arbeit lächeln wir dem einen oder anderen Mitmenschen, dem wir begegnen, freundlich zu, statt ins Leere zu starren oder uns in unserer iPod-Welt zu verschanzen. Großzügig mit unserer Zeit verschenken wir die fünf Sekunden, die es einem Mitstreiter in der Rush-Hour erlauben, die kleine Lücke zu nutzen und sich vor uns in die Blechlawine einzureihen. Er winkt dankbar zurück. Wie seltsam, dass wir uns besser fühlen, obwohl wir ein paar Sekunden verloren haben und nicht auf unsere Vorfahrt bestanden haben.

Bei der Arbeit geht uns plötzlich ein Licht auf und wir verstehen, dass es immer wieder diese eine Kollegin ist, die daran denkt, ein Geschenk zu besorgen, wenn ein Kollege Geburtstag hat. Wir entscheiden uns, sie in ihrem Büro zu besuchen und ihr dafür zu danken, dass sie so zu einem Gemeinschaftsgefühl und einer angenehmen Atmosphäre beiträgt. Wir sagen ihr, wie sehr wir diese Art von Aufmerksamkeit wertschätzen.

Die Kollegen verlassen für eine Raucherpause das Gebäude. Das haben wir zum Glück schon vor ein paar Jahren aufgegeben und können nun die Minuten der Ruhe für eine kurze Achtsamkeitsmeditation nutzen. Wir strecken uns kurz in unserem Bürostuhl und beobachten dann die Empfindung unserer Atmung. Langsam beruhigt sich der Wasserfall an Gedanken und Ideen über die Besprechung, die wir am Nachmittag mit dem Chef haben werden. Die Kollegen kommen zurück. Wir fühlen uns vitalisiert, haben wieder mehr Freiraum im Geist.

Bei dem Treffen gelingt es uns, gelassener zu sein als üblich, und wir fühlen uns weniger unter Erfolgsdruck. Überrascht stellen wir fest, dass wir plötzlich in kreativerer, ja kompetenterer Weise auf die Einwände eines Kollegen reagieren können. Wir verlassen die gelungene Besprechung und bedanken uns beim Aufbruch noch kurz bei dem Kollegen dafür, dass er die beiden kritischen Punkte im geplanten Projekt gefunden hat und es so sicherlich ein größerer Erfolg werden wird.

Auf dem Heimweg sehen wir ein junges Paar verliebt über den Gehsteig tänzeln, erfreuen uns an der frischen Offenheit, die die beiden füreinander haben, und wünschen von ganzem Herzen, dass doch so viele Mitmenschen wie möglich eine wirklich erfüllende Liebe und Partnerschaft finden.

Abends schauen wir die Nachrichten und sehen, dass schon wieder eine junge Frau gesteinigt wurde und es eine weitere Naturkatastrophe in einem überbevölkerten Teil der Welt gab. Wir setzen uns an den Computer und finden heraus, welche Organisationen sich für Freiheit und Gleichheit von Frauen und Mädchen in der Welt einsetzen und entscheiden uns, dies mit einer Spende zu unterstützen. Vielleicht finden wir auch noch eine Organisation, die direkte Katastrophenhilfe leistet oder gar eine Langzeitvision hat und Menschen in ihrer eigenen Heimat hilft, die Grundlagen für ein erfülltes, würdevolles

Leben für sich und die kommenden Generationen zu schaffen. Da wir schon am Computer sitzen, schreiben wir nun den Leserbrief und schicken ihn ab. Uns wird bewusst, dass es nicht in allen Teilen der Welt möglich ist, in dieser Weise frei seine Meinung zu äußern.
Bevor wir ins Bett gehen, blicken wir noch für einen Moment auf den Tag zurück und ziehen Bilanz. Wir erinnern uns kurz an die verschiedenen kleinen Aufmerksamkeiten, die uns zuteilwurden, und wünschen von ganzem Herzen, dass alles Gute in uns und unseren Mitmenschen immer mehr heranwächst und zu einer gerechteren Welt mit mehr Erfüllung für mehr Menschen führt.

So könnten ein paar Momente eines »gewöhnlichen« Tages aussehen. Haben Sie mitgezählt, wie viele Augenblicke der Positivität es an diesem Tag gab? Nun, sicherlich mehr als drei! Und dafür mussten wir keinerlei Verrenkungen machen, sondern einfach nur wach und achtsam sein. Es ist gar nicht so schwer, unseren Positivitätsquotienten weit jenseits von drei zu eins zu bringen. Und gibt es hin und wieder mal einen »schlechten« Tag, so kann das unserer positiven Gesamtbilanz wenig anhaben. Wir müssen uns nur dafür entscheiden und mit Vertrauen, Mitgefühl und Achtsamkeit die Möglichkeiten nutzen, die sich ergeben. Dies bringt mich zum letzten Punkt: *Flourishing* ist möglich!

Ich wünsche Ihnen viele gute Tage und ein blühendes Leben!

Glossar

Amphetamin: Die verkürzte Bezeichnung für den veralteten Begriff Alpha-Methylphenethylamin (Phenylisopropylamin), eine illegale synthetische Droge mit stark aufputschender und euphorisierender Wirkung, die häufig unter dem Namen *Speed* kursiert. Der Missbrauch von Amphetamin kann mit einer Reihe an körperlichen sowie psychischen Nebenwirkungen und Schäden sowie psychischer Abhängigkeit einhergehen.

Aristippos von Kyrene (auch *Aristipp*): Griechischer Philosoph und Zeitgenosse von Sokrates, der vermutlich im 4. und 3. Jahrhundert v. Chr. gelebt hat. Er ist heutzutage besonders durch seine (kaum direkt überlieferten) Ideen zum Hedonismus bekannt, in denen er den »Weg der Lust« propagiert, nach dem das Erfüllen und Maximieren körperlicher Lust und das Vermeiden von Schmerz der eigentliche Sinn des Lebens ist.

Aristoteles: Griechischer Philosoph, der im 4. Jahrhundert v. Chr. lebte und Schüler Platons war. Zusammen mit Sokrates gelten Platon und Aristoteles als wichtigste Gründungsväter der westlichen Philosophie.

Behaviorismus: Verhaltenslehre. Eine psychologische Denkrichtung, die Verhalten als Ergebnis der individuellen Lerngeschichte betont. Der Schwerpunkt liegt hierbei auf dem Studium von Reiz-Reaktions-Kombinationen und Belohnungssystemen, die helfen, Verhalten zu erklären, vorherzusagen und entsprechend zu beeinflussen. In seiner Extremform lehnt der behavioristische Zugang jegliche Beschäftigung mit dem »Innenleben« ab.

Bodhisattva: Dieser Sanskrit-Begriff bezeichnet allgemein jemanden, der die Erleuchtung zum Wohle aller Wesen anstrebt, übersetzt in etwa als »Erleuchtungswesen«. Nach Aussage verschiedener Meister sei der ursprüngliche Begriff Bodhisatva (mit einem »t«) und im Tibetischen *dschang dschub sempa*, was »Erleuchtungsmutiger« bedeutet und den unerschütterlichen Entschluss, auf Erleuchtung hinzuarbeiten, ausdrückt.

Bottom-up-Ansatz: Im Rahmen der Positiven Psychologie wird der Begriff insbesondere zur Beschreibung eines Forschungsansatzes verwendet, der alle Schlüsse über Glück und Wohlergehen aufgrund vorliegender Daten zieht. Er ist eng verbunden mit dem von Daniel Kahneman geprägten Begriff vom »objektiven Glück« (*objective happiness*).

Buddha: Sanskrit-Begriff, der in etwa als »der Erwachte« übersetzt wird. In seiner Hauptbedeutung wird er auf die historische Person Siddhartha Gautama bezogen, der im 5. Jahrhundert v. Chr. im heutigen Nordindien gelebt hat. Der Begriff bzw. Titel bezeichnet ebenfalls einen Geisteszustand, in dem nach buddhistischer Anschauung alle geistigen Schleier beseitigt sind und man dementsprechend vom Schlaf der Unwissenheit erwacht ist.

Dialyse: Blutwäsche (Hämodialyse), die im Falle von chronischem Nierenversagen zum Einsatz kommt. Dabei wird während der Behandlung Blut aus dem Patienten gepumpt, das dann auf dem Weg durch ein Dialysegerät gereinigt wird und anschließend dem Patienten wieder zugeführt wird. Üblicherweise dauert eine einzelne Behandlung vier bis fünf Stunden und erfolgt dreimal pro Woche.

Dopamin: wichtiger Neurotransmitter, der in einer Vielzahl von körperlichen und psychischen Prozessen eine Rolle spielt. Seine Missregulierung wird auch in Zusammenhang mit psychischen Störungen (beispielsweise Schizophrenie) gebracht. Die Bezeichnung als Glückshormon greift als Beschreibung der weitgefächerten Funktion sicherlich zu kurz.

Dorsomedialer präfrontaler Kortex: Ein Teil der Großhirnrinde, im Bereich der Mittellinie im vorderen Teil des Gehirns befindlich.

Duhkha: Sanskrit-Begriff, der übersetzt in etwa »schwer zu ertragen« bedeutet, in der Regel aber als »Leid« oder »nicht zufriedenstellend« übersetzt wird.

Eudämonie/Eudämonisches Glück: Die Vorstellung von einem sinnerfüllten oder gelungenen Leben, das menschliche Werte und positives menschliches Handeln in den Mittelpunkt stellt.

Freud, Sigmund (1856–1939): Österreichischer Arzt, der als Begründer der Psychoanalyse weltweite Berühmtheit erlangt hat und dessen tiefenpsychologisches Modell noch heute die Grundlage einer der wichtigsten psychotherapeutischen Strömungen ist. Insbesondere seine Einführung des Unbewussten als bedeutende psychologische Kraft hat zum Revolutionieren psychologischer Denkweisen beigetragen.

Funktionelle Kernspintomographie: Auch »funktionelle Magnetresonanztomographie« (fMRT) und im Englischen *functional magnetic resonance imaging* (fMRI). Ein sogenanntes bildgebendes Verfahren, das Aktivitätsveränderungen im Körper – und insbesondere im Gehirn – mit hoher räumlicher Auflösung sichtbar macht. Dabei verwendet es Veränderungen im Stoffwechsel (Sauerstoffgehalt im Blut) zwischen mindestens zwei Zeitpunkten (Bedingungen), von denen man annimmt, dass sie Veränderungen der neuronalen Aktivität in entsprechenden Gehirnbereichen wiederspiegeln.

Gesprächspsychotherapie: Von Carl Rogers ins Leben gerufene Therapieform, die heute häufig als Klientenzentrierte Psychotherapie bezeichnet wird. Wichtigster Bestandteil des therapeutischen Prozesses ist die therapeutische Grundhaltung zum Klienten, die sich in unbedingter positiver Wertschätzung, Empathie und Kongruenz ausdrückt.

Graue Substanz: Die Bereiche des Zentralnervensystems (Gehirn und Rückenmark), die vorrangig aus den Zellkörpern der Nervenzellen bestehen. Demgegenüber besteht die weiße Substanz hauptsächlich aus den Nervenfasern. Im Gehirn selbst liegt die graue Substanz weitgehend außen und wird daher auch als Rinde (Kortex) bezeichnet.

Hedonistisches Glück: Verständnis von Glück, das vorranging auf angenehme oder lustschaffende (hedonistische) Quellen von Glück ausgerichtet ist.

Herkules: Die latinisierte Version des griechischen Namens Herakles, Held der altgriechischen Mythologie. Sohn von Zeus und Alkmene, dessen Kraft durch die zwölf Arbeiten bzw. Taten, die ihm vom König Eurystheus auferlegt wurden, besondere Berühmtheit erlangte.

Humanistische Psychologie: Die dritte psychologische Richtung nach Psychoanalyse und Behaviorismus, die sich auch als Protestbewegung (»Dritte Kraft«) gegen diese beiden vorherrschenden Sichtweisen verstand und in der der Mensch als autonomer, selbstbestimmt Handelnder mehr in den Mittelpunkt rücken sollte.

Inselkortex oder Inselrinde (*cortex insularis, insula*): Teil der Großhirnrinde, der fast vollständig in ihre Faltungen eingesenkt ist. Der Inselkortex befindet sich an der Schnittstelle von Schläfen-, Scheitel- und Stirnlappen und wird von diesen fast vollständig verdeckt.

Introspektion: Innenschau oder Selbstbeobachtung. Als Beobachtung und Beschreibung des eigenen Erlebens wurde Introspektion von Pionieren der wissenschaftlichen Psychologie wie Wilhelm Wundt eingesetzt, um Aufschluss über grundlegende Wahrnehmungsprozesse zu erlangen. Mangels Übereinstimmung unterschiedlicher Beobachter hatte diese Methode in der experimentellen Psychologie jedoch keine Zukunft.

Kagyü, auch *Karma Kagyü*: Eine der vier großen Schulen des Tibetischen Buddhismus, die sich mit den Meistern Marpa, Milarepa und Gampopa im 11. und 12. Jahrhundert etablierte. Der Karmapa ist das Oberhaupt dieser Schule.

Karmapa: Titel des Oberhaupts der Karma-Kagyü-Schule des Tibetischen Buddhismus (seit dem 12. Jahrhundert), bedeutet in etwa »Herr der Buddhaaktivität«. Der Karmapa lebt heute in seiner 17. Inkarnation als Trinley Thaye Dorje in Indien.

Klientenzentrierte Psychotherapie: siehe Gesprächspsychotherapie

Kortex oder Rinde: Der Begriff wird häufig als Verkürzung von »Großhirnrinde« (*cortex cerebri*) verwendet und bezeichnet die äußere Schicht des Großhirns, die besonders reich an grauer Substanz ist.

Ladakh: Ehemals unabhängiges Königreich im Himalaja mit langer buddhistischer Geschichte. Aufgrund der tibetisch-buddhistischen Kultur wird Ladakh auch als Klein-Tibet bezeichnet. Der größte Teil des ehemaligen Königreiches mit der Hauptstadt Leh befindet sich im heutigen indischen Bundesstaat Jammu und Kaschmir, während weitere, kleinere Teile zu Pakistan und zu Tibet gehören.

Mahayana, »Großes Fahrzeug« oder »Großer Weg«: Eine der wichtigsten buddhistischen Strömungen, die durch das *Bodhisattva*-Ideal gekennzeichnet ist, die Motivation, die Natur des Geistes zum Wohle aller Wesen zu erkennen.

Maslow, Abraham H. (1908–1970): Einer der Mitbegründer der humanistischen Psychologie. Besonders bekannt durch seine Maslow'sche Bedürfnishierarchie (oder auch -pyramide), die menschliches Streben nach Selbstverwirklichung in fünf Stufen darstellt.

MBSR, *mindfulness-based stress reduction*: Als »Stressbewältigung durch Achtsamkeit« übersetzt, aber häufig wird das englische Akronym auch im deutschsprachigen Raum verwendet. MBSR wurde in den 1980er-Jahren von dem US-amerikanischen Psychologen Jon Kabat-Zinn entwickelt und erfreut sich zur Behandlung einer Vielfalt insbesondere chronischer Störungen (beispielsweise Schmerz und Angst) wachsender Beliebtheit.

Neurotransmitter: Eine Gruppe verschiedener Botenstoffe, die Information in chemischer Form zwischen zwei Neuronen (Nervenzellen) übertragen.

Nyingma: Älteste Schule des Tibetischen Buddhismus, die auf die Aktivität des großen indischen Meisters Padmasambhava zurückgeht.

Opioid: Bedeutet wörtlich »dem Opium ähnlich« und bezeichnet eine Gruppe von Stoffen, die in der neuronalen Informationsverarbeitung eine Rolle spielen, da sie an den synaptischen Opioidrezeptoren wirksam werden. Opioide können vom Körper selbst erzeugt werden oder ihm künstlich zugeführt werden, zum Beispiel aufgrund ihrer schmerztherapeutischen Wirkung, sie spielen aber auch bei Substanzmissbrauch eine große Rolle.

Pāli: Mittelindische Sprache, die mit dem Sanskrit verwandt ist. Der Pāli-Kanon wurde im 1. Jahrhundert v. Chr. verfasst und gilt als die älteste erhaltene Sammlung buddhistischer Schriften.

Psychoanalyse: Die von Sigmund Freud ins Leben gerufenen Therapieformen sowie das ihnen zugrunde liegende psychodynamische Erklärungsmodell. Das psychoanalytische Strukturmodell beschreibt das Zusammenspiel von Es (Triebe, Bedürfnisse, Affekte), Ich (Selbstbewusstsein/Alltagsbewusstsein) und Über-Ich (Normen, Werte, Moral, Gewissen).

Psychoneuroimmunologie: Interdisziplinärer Forschungsbereich, der sich mit der Wechselwirkung zwischen psychologischen, neuronalen und hormonellen Prozessen und dem Immunsystem beschäftigt.

Rogers, Carl (1902–1987): US-amerikanischer Psychologe und Psychotherapeut, der die Klientenzentrierte Gesprächstherapie begründet hat und maßgeblich an der Formierung der Humanistischen Psychologie beteiligt war.

Sangye: Der tibetische Begriff für *Buddha*. Bestehend aus den beiden Silben *sang* (»gereinigt«) und *gye* (»entfaltet, erblüht«).

Shantideva: Berühmter indisch-buddhistischer Gelehrter, der vermutlich in der Zeit zwischen 685 und 763 u. Z. in Nordindien gelebt und an der buddhistischen Klosteruniversität Nalanda unterrichtet hat. Sein bekanntestes Werk *Bodhisattvacharyavatara* (»Eintritt in das Verhalten eines Bodhisattvas«) wird als eines der wichtigsten Werke des nördlichen Buddhismus des Großen Weges (siehe Mahayana) angesehen.

Skinner, Burrhus F. (1904–1990): US-amerikanischer Psychologe und bedeutendster Vertreter des Behaviorismus.

Synaptischer Spalt: Der Zwischenraum zwischen einer Nervenendigung und einer darauf folgenden Nervenzelle. An diesen Kontaktstellen (Synapsen) wird zwischen den Nervenzellen durch verschiedene Neurotransmitter Information übertragen.

Vipassana: Begriff aus dem Pāli, der als »Einsicht« übersetzt wird. Einsichtsmeditation hat ihre Wurzeln im Theravada-Buddhismus und steht in engem Zusammenhang mit verschiedenen Formen der Achtsamkeitsmeditation.

Wundt, Wilhelm Maximilian (1832–1920): Als Physiologe, Philosoph und Psychologe gilt Wundt als Begründer der Psychologie als eigenständige Wissenschaft. 1879 gründete er in Leipzig das weltweit erste Institut für Experimentelle Psychologie.

Literatur

Ausgewählte Literatur

Fredrickson, B. L.: *Positivity: Groundbreaking research reveals how to embrace the hidden strength of positive emotions, overcome negativity, and thrive.* New York: Crown; 2009.

Kabat-Zinn, J.: *Zur Besinnung kommen: Die Weisheit der Sinne und der Sinn der Achtsamkeit in einer aus den Fugen geratenen Welt.* Freiburg: Arbor-Verlag; 2008.

Kahneman, D., Diener, E., Schwarz, N. (eds.): *Well-being: The foundations of hedonic psychology.* New York: Russell Sage Foundation; 1999.

Lyubomirsky, S.: *The how of happiness: A scientific approach to getting the life you want.* New York: Penguin Press; 2008.

Nydahl, O.: *Wie die Dinge sind: Eine zeitgemäße Einführung in die Lehre Buddhas.* München: Droemer/Knaur; 2004.

ders.: *Der Buddha und die Liebe.* München: Droemer/Knaur; 2007.

ders.: *Vom Reichtum des Geistes: Buddhistische Inspirationen.* München: Droemer/Knaur; 2009.

Ricard, M.: *Glück.* München: Nymphenburger Verlag; 2007.

Singer, W., Ricard, M.: *Hirnforschung und Meditation: Ein Dialog.* Berlin: Suhrkamp; 2008.

Quellennachweise und weiterführende Literatur

Die folgenden Literaturhinweise sind nach den Kapiteln des Buches geordnet und erscheinen in der Reihenfolge, in der die entsprechenden Themen im Text auftauchen.

Leben, Freiheit und das Streben nach Glück

Unabhängigkeitserklärung der Vereinigten Staaten von Amerika. 1776. Online unter: http://usa.usembassy.de/etexts/gov/unabhaengigkeit.pdf.

Menschenbilder

Rath, T., Harter, J.: *Well-being: The five essential elements.* New York: Gallup Press; 2010.

Freud, S.: *Studienausgabe in zehn Bänden mit einem Ergänzungsband*. Frankfurt a. M.: Fischer Verlag; 2000.

Gay, P.: *Freud. Eine Biographie für unsere Zeit*. Frankfurt a. M.: Fischer Verlag; 2006.

Skinner, B. F.: *A case history in scientific method*. Am Psychol. 1956 May; 11(5):221–33.

Maslow, A.: *Motivation and Personality*. New York: Harper; 1970.

ders.: *A theory of human motivation.* Psychol Rev. 1943 Jul; 50(4):370–96.

Rogers, C. R.: *Die nicht direktive Beratung.* München: Kösel; 1972.

ders.: *Die klient-zentrierte Gesprächspsychotherapie*. Frankfurt a. M.: Fischer Verlag; 1983.

ders: *Entwicklung der Persönlichkeit. Psychotherapie aus der Sicht eines Therapeuten*. Stuttgart: Klett-Cotta; 2000.

Kriz, J.: *Grundkonzepte der Psychotherapie*. Weinheim: Beltz Psychologie Verlags Union; 2007.

Positive Psychologie

Peterson, C.: *A primer in Positive Psychology.* Oxford: Oxford University Press; 2006.

Strümpfer, D. J. W.: *Standing on the shoulders of giants: Notes on early positive psychology (psychofortology).* J S Afr Psychol. 2005 Mar; 35(1):21–45.

Csikszentmihályi, M.: *Flow*. Stuttgart: Klett-Cotta; 2002.
Seligman, M. E. P., Pawelski, J. O.: *Positive Psychology: FAQs*. Psychol Inq. 2003; 14(2):159–63.
Seligman, M. E. P.: *Der Glücks-Faktor: Warum Optimisten länger leben*. Köln: Bastei Lübbe; 2005.
Kanning, U.: *Wie Sie garantiert nicht erfolgreich werden! Dem Phänomen der Erfolgsgurus auf der Spur.* Lengerich: Pabst; 2007.
Schüle, C.: *Die Diktatur der Optimisten*. Zeit Online; 2001. Online unter: http://www.zeit.de/2001/25/200125_gluecksspropheten.xml.

Was ist Flourishing?

Keyes, C. L. M.: *The nexus of cardiovascular disease and depression revisited: The complete mental health perspective and the moderating role of age and gender.* Aging Ment Health. 2004 May; 8(3):266–74.
Keyes, C. L. M., Grzywacz, J. G.: *Health as a complete state: The added value in work performance and healthcare costs.* J Occup Environ Med. 2005 May; 47(5):523–32.
Keyes, C. L. M.: *Mental illness and/or mental health? Investigating axioms of the complete state model of health.* J Consult Clin Psychol. 2005 Jun; 73(3):539–48.
ders.: *Promoting and protecting mental health as flourishing: A complementary strategy for improving national mental health.* Am Psychol. 2007 Feb-Mar; 62(2):95–108.
Seegers, M.: *Wissen über Meditation: Sichtweise und Meditation im Diamantweg-Buddhismus.* Wuppertal: Buddhistischer Verlag; 2004.
Hesse, H.: *Siddhartha: Eine Indische Dichtung*. Berlin: Suhrkamp; 2007.
Thich Nhat Hanh: *Wie Siddhartha zum Buddha wurde: Eine Einführung in den Buddhismus.* Bielefeld: Theseus Verlag; 2010.

Seegers, M., Böhnke, T.: *Raum & Freude: Buddhistische Statuen und Ritualgegenstände.* Wuppertal: Buddhistischer Verlag; 2003.
Huntington, J. C., Bangdel, D.: *The circle of bliss: Buddhist meditational art.* Chicago: Serindia Publications; 2003.
Binczik, A., Fischer, R.: *Verborgene Schätze aus Ladakh.* München: Otter Verlag; 2003.
Schmitt, S.: *Die Geschichte der Kagyüs in Ladakh.* Buddhismus Heute. 2006 Winter; 42:76–80.
ders.: *Die Geschichte der Kagyüs in Ladakh – Teil 2.* Buddhismus Heute. 2007 Sommer; 43:82–5.

Welches Glück hätten Sie gern?

Scherer, B.: *Buddhismus: Alles, was man wissen muss.* Gütersloh: Gütersloher Verlagshaus; 2005.
ders.: *99 Fragen zum Buddhismus.* Gütersloh: Gütersloher Verlagshaus; 2002.
Kahneman, D., Diener, E., Schwarz, N. (eds): *Well-being: The foundations of hedonic psychology.* New York: Russell Sage Foundation; 1999.
Peterson, C.: *A primer in Positive Psychology.* Oxford: Oxford University Press; 2006.
Kraut, R.: *Two conceptions of happiness.* Phil Rev. 1979; 87:167–96.
Riis, J., Loewenstein, G., Baron, J., Jepson, C., Fagerlin, A., Ubel, P. A.: *Ignorance of hedonic adaptation to hemodialysis: A study using ecological momentary assessment.* J Exp Psychol Gen. 2005 Feb; 134(1):3–9.
Diener, E., Lucas, R. E., Scollon, N. C.: *Beyond the hedonic treadmill: Revising the adaptation theory of well-being.* Am Psychol. 2006 May–Jun; 61(4):305–14.
Waterman, A. S.: *Two conceptions of happiness: Contrasts of personal expressiveness (Eudaimonia) and hedonic enjoyment.* J Pers Soc Psych. 1993 Apr; 64(4):678–91.

ders.: *Reconsidering happiness: a eudaimonist's perspective.* J Pos Psych. 2008 Oct; 3(4):234–52.

Peterson, C., Park, N., Seligman, M. E. P.: *Orientations to happiness and life satisfaction: the full life versus the empty life.* J Happiness Stud. 2005 Mar; 6(1):25–41.

Huta, V., Ryan, R. M.: *Pursuing pleasure or virtue: The differential and overlapping well-being benefits of hedonic and eudaimonic motives.* J Happiness Stud. 2010; online first publication.

Vittersø, J., Søholt, Y., Hetland, A., Thoresen, I. A., Røysamb, E.: *Was Hercules happy? Some answers from a functional model of human well-being.* Soc Indic Res. 2010 Jan; 95(1): 1–18.

Vittersø, J., Oelmann, H. I., Wang, A. L.: *Life satisfaction is not a balanced estimator of the good life: Evidence from reaction time measures and self-reported emotions.* J Happiness Stud. 2009 Mar; 10(1);1–17.

Heuser, U. J.: *Der Mönch als Philosoph*. Die Zeit. 2007 Juli 19.

Ricard, M.: *Glück.* München: Nymphenburger Verlag; 2007.

Nydahl, O.: *Wie die Dinge sind: Eine zeitgemäße Einführung in die Lehre Buddhas.* München: Droemer/Knaur; 2004.

Fredrickson, B. L.: *Positivity: Groundbreaking research reveals how to embrace the hidden strength of positive emotions, overcome negativity, and thrive.* New York: Crown; 2009.

ders.: *The broaden-and-build theory of positive emotions.* Phil Trans R Soc Lond B Biol Sci. 2004 Sept; 359(1449):1367–77.

Fredrickson, B. L., Cohn, M. A., Coffey, K. A., Pek, J., Finkel, S. M.: *Open hearts build lives: positive emotions, induced through loving-kindness meditation, build consequential personal resources*. J Pers Soc Psychol. 2008 Nov; 95(5):1045–62.

Rowe, G., Hirsh, J. B., Anderson, A. K.: *Positive affect increases the breadth of attentional selection.* Proc Natl Acad Sci USA. 2007 Jan; 104(1):383–8.

Cohn, M.A., Fredrickson, B.L., Brown, S.L., Mikels, J.A., Conway, A.M.: *Happiness unpacked: Positive emotions increase life satisfaction by building resilience.* Emotion. 2009; 9(3):361–8.
Fredrickson, B.L., Losada, M.F.: *Positive affect and the complex dynamics of human flourishing.* Am Psychol. 2005 Oct; 60(7):678–86.
World Health Organization: *The world health report – Mental Health: New Understanding, New Hope*. Geneva: World Health Organization; 2001.
Huppert, F.A., So, T.T.C.: *What percentage of people in Europe are flourishing and what characterises them?* OECD/ISQOLS meeting »Measuring subjective well-being: an opportunity for NSOs?«. Florence; 2009 July 23–24.
Metzger, J.: *Wie (und warum) wir aufblühen.* Psychologie Heute. 2009 Nov; 36(11):20–6.
Huppert, F.A.: *Foresight Mental Capital and Well-being Project: Making the most of ourselves in the 21st century: State-of-Science Review: SR-X2. Psychological Well-being: Evidence regarding its causes and consequences.* London: The Government Office for Science; 2008.
Fowler, J.H., Christakis, N.A.: *Dynamic spread of happiness in a large social network: longitudinal analysis over 20 years in the Framingham Heart Study.* BMJ. 2008 Dec; 337(a2338):1–9.
Nydahl, O.: *Freude.* In: Przybyslawski, A. (Hrsg.): *Form und Leerheit: Buddhismus und Wissenschaft*. Wuppertal: Buddhistischer Verlag; 2007.
König, R., Malinowski, P.: *Does Buddhist meditation increase happiness? 4th European Conference on Positive Psychology. Book of Abstracts: Opatija, Croatia; 2008 July 1-4:*314.
Malinowski, P.: *Meditation practice, mindfulness skills and components of well-being.* 4th European Conference on Positive Psychology. Book of Abstracts: Opatija, Croatia; 2008 July1–4:179.

Seegers, M.: *Buddhistische Grundbegriffe* (5. Aufl.). Wuppertal: Buddhistischer Verlag; 2004.
Shantideva: *Die Lebensführung im Geiste der Erleuchtung. Das Bodhisattvacharyavatara.* (Jobst Koss, Übers.). Berlin: Theseus; 2004.
ders.: *The Way of the Bodhisattva: A translation of the Bodhicharyavatara.* (2nd revised Edition, Padmakara Translation Group). Boston: Shambala; 2006.
Lopön Tsechu, R.: *Die Verhaltensweisen eines Bodhisattvas – Teil 1.* Buddhismus Heute. 2005 Winter; 40:15–22.
ders.: *Die Verhaltensweisen eines Bodhisattvas – Teil 2.* Buddhismus Heute. 2006 Sommer; 41:6–11.
Dalai Lama: *Der Friede beginnt in dir: Zur Überwindung der geistig-moralischen Krise in der heutigen Weltgemeinschaft.* München: O. W. Barth-Verlag; 1994.
Thich Nhat Hanh: *Wie Siddhartha zum Buddha wurde.* Bielefeld: Theseus Verlag in J. Kamphauser Verlag & Distribution GmbH; 2010 (Das Zitat von S. 63 stammt von S. 108f.)
Thaye Dorje, T. (17. Gyalwa Karmapa): *Die 37 Übungen eines Bodhisattvas von Gyalse Thogme Sangpo – Teil 1.* Buddhismus Heute. 2009 Frühjahr; 46:4–13.
ders.: *Die 37 Übungen eines Bodhisattvas von Gyalse Thogme Sangpo – Teil 2.* Buddhismus Heute. 2009 Sommer; 47:4–13.
ders.: *Die 37 Übungen eines Bodhisattvas von Gyalse Thogme Sangpo – Teil 3.* Buddhismus Heute. 2010 Frühjahr; 48:4–13.
Nagel, T.: *What is it like to be a bat?* Philos Rev. 1974 Oct; 83(4):435–50.
Tye, M.: *Ten problems of consciousness: A representational theory of the phenomenal mind.* Cambridge, MA: MIT Press; 1995.
Diener, E., Seligman, M. E. P.: *Very happy people.* Psychol Sci. 2003 Jan; 13(1):81–4.
Kahneman, D.: *Objective happiness.* In: Kahneman, D., Die-

ner, E., Schwarz, N. (eds): *Well-being: The foundations of hedonic psychology*. New York: Russell Sage Foundation; 1999.
Malinowski, P.: *Der Geist, der Buddha und das Gehirn*. In: Przybyslawski, A. (Hrsg): *Form und Leerheit: Buddhismus und Wissenschaft*. Wuppertal: Buddhistischer Verlag; 2007; 127–49.
Varela, F., Shear, J. (eds): *The view from within: First-person approaches to the study of consciousness.* Thorverton, UK: Imprint Academic; 1999.
Wallace, B. A.: *The taboo of subjectivity: Towards a new science of consciousness.* Oxford: Oxford University Press; 2000.

Aufblühen oder Welken?

Schnell, T.: *Deutsche in der Sinnkrise? Ein Einblick in die Sinnforschung mit Daten einer repräsentativen deutschen Stichprobe.* J Psychol. 2008; 16(3): article 09. Online unter: http://www.journal-fuer-psychologie.de/jfp-3-2008-09.html.
ders.: *Existential indifference: Another quality of meaning in life.* J Human Psychol. 2010 Apr; 50(3):351–73.
Frankl, V. E.: *The Feeling of Meaninglessness – A Challenge to Psychotherapy and Philosophy*. Milwaukee: Marquette University Press; 2010.
Peterson, C.: *Pleasure and positive experience*. In: Peterson, C.: *A primer in Positive Psychology.* Oxford: Oxford University Press; 2006; 47–74.
Fredrickson, B. L., Kahneman, D.: *Duration neglect in retrospective evaluations of affective episodes*. J Pers Soc Psychol. 1993 Jul; 65(1):45–55.
Kahneman, D., Fredrickson, B. L., Schreiber, C. A., Redelmeier, D. A.: *When more pain is preferred to less: Adding a better end*. Psychol Sci. 1993 Nov; 4(6):401–5.
Redelmeier, D. A., Kahneman, D.: *Patients' memories of painful medical treatments: real-time and retrospective evaluations*

of two minimally invasive procedures. Pain. 1996 Jul; 66(1): 3–8. Loewenstein, G., Schkade, D.: *Wouldn't it be nice? Predicting future feelings*. In: Kahneman, D., Diener, E., Schwarz, N. (eds): *Well-being: The foundations of hedonic psychology*. New York: Russell Sage Foundation, 1999; 85–105.

Kahneman, D., Knetsch, J. L., Thaler, R. H.: *Anomalies: The Endowment Effect, Loss Aversion, and Status Quo Bias*. J Econ Perspect. 1991 Winter; 5(1):193–206.

Rozin, P.: *Preadaptation and the puzzles and properties of pleasure*. In: Kahneman, D., Diener, E., Schwarz, N. (eds): *Well-being: The foundations of hedonic psychology*. New York: Russell Sage Foundation, 1999; 109–33.

Frederick, S., Loewenstein, G.: *Hedonic adaptation*. In: Kahneman, D., Diener, E., Schwarz, N. (eds): *Well-being: The foundations of hedonic psychology*. New York: Russell Sage Foundation, 1999; 302–29.

Smith, K. S., Berridge, K. C.: *Opioid limbic circuit for reward: Interaction between hedonic hotspots of nucleus accumbens and ventral pallidum*. J Neurosci. 2007 Feb; 27(7):1594–1605.

Berridge, K. C., Robinson, T. E.: *Parsing reward*. Trends Neurosci. 2003 Sep; 26(9):507–13.

Robinson, T. E., Berridge, K. C.: *Addiction*. Annu Rev Psychol. 2003; 54:25–53.

Berridge, K. C.: *Food reward: Brain substrates of wanting and liking*. Neurosci Biobehav Rev. 1996; 20(1):1–25.

ders.: *Motivation concepts in behavioral neuroscience*. Physiol Behav. 2004 Apr; 81(2):179–209.

Kringelbach, M. L., Berridge, K. C.: *Towards a functional neuroanatomy of pleasure and happiness*. Trends Cogn Sci. 2009 Nov; 13(11):479–87.

Mela, D. J.: *Eating for pleasure or just wanting to eat? Reconsidering sensory hedonic responses as a driver of obesity*. Appetite. 2006 Jul; 47(1):10–17.

Vittersø, J., Oelmann, H. I., Wang, A. L.: *Life satisfaction is not a balanced estimator of the good life: Evidence from reaction time measures and self-reported emotions.* J Happiness Stud. 2009 Mar; 10(1);1–17.
Finlayson, G., King, N., Blundell, J. E.: *Is it possible to dissociate ›liking‹ and ›wanting‹ for foods in humans? A novel experimental procedure.* Physiol Behav. 2007 Jan; 90(1):36–42.
Knab, A. M., Lightfoot, J. T.: *Does the difference between physically active and couch potato lie in the dopamine system?* Int J Biol Sci. 2010; 6(2):133–50.
Gable, P. A., Harmon-Jones, E.: *Approach-motivated positive affect reduces breadth of attention.* Psychol Sci. 2008; 19(5):476–82.

Meditation

Gunaratana, M. H.: *Die Praxis der Achtsamkeit: Eine Einführung in die Vipassana-Meditation.* Heidelberg: Kristkeitz Verlag; 2000.
Thich Nhat Hanh: *Das Wunder der Achtsamkeit: Einführung in die Meditation.* Stuttgart: Theseus im Kreuz Verlag; 2008.
Frankl, V. E.: *… trotzdem Ja zum Leben sagen: Ein Psychologe erlebt das Konzentrationslager.* (9. Aufl.). München: Kösel-Verlag; 2009.
ders.: *Der Mensch auf der Suche nach Sinn. Zur Rehumanisierung der Psychotherapie.* Freiburg i. Br.: Herder; 1977.
Murphy, M., Donovan, S.: *The physical and psychological effects of meditation: A review of contemporary research with a comprehensive bibliography, 1931–1996,* (2nd ed.). Sausalito, CA: Institute of Noetic Sciences; 1997.
Vakil, R. J.: *Remarkable feat of endurance of a yogi priest.* Lancet. 1950 Dec; 256(6643): 871.
Hoenig, J.: *Medical research on yoga.* Confin Psychiatr. 1968; 11(2):69–89.

Kothari, L.K., Bordia, A., Gupta, O.P.: *The yogic claim of voluntary control over the heart beat: An unusual demonstration*. Am Heart J. 1973 Aug; 86(2):282–4.
Shapiro, S.L., Carlson, L.E., Astin, J.A., Freedman, B.: *Mechanisms of mindfulness.* J Clin Psych. 2006; 62(3):373–86.
Shapiro, D.H.: *A preliminary study of long term meditators: Goals, effects, religious orientation, cognitions*. J Transp Psychol. 1992; 24(1):23–39.
Shapiro, S.L., Schwartz, G.E.R.: *Intentional systemic mindfulness: An integrative model for self-regulation and health*. Adv Mind Body Med. 1999; 15:128–134.
Kabat-Zinn, J.: *Zur Besinnung kommen: Die Weisheit der Sinne und der Sinn der Achtsamkeit in einer aus den Fugen geratenen Welt*. Freiburg: Arbor-Verlag; 2008.
Malinowski, P.: *Mindfulness as psychological dimension: Concepts and applications*. Irish J Psychol. 2008; 29(1):155–66.
Chiesa, A., Malinowski, P.: *Mindfulness based interventions: Are they all the same?* Submitted for publication.
Brefczynski-Lewis, J.A., Lutz, A., Schaefer, H.S., Levinson, D.B., Davidson, R.J.: *Neural correlates of attentional expertise in long-term meditation practitioners.* Proc Natl Acad Sci USA. 2007 Jul; 104(27):11483–8.
Cahn, B.R., Polich, J.: *Meditation states and traits: EEG, ERP, and neuroimaging studies*. Psychol Bull. 2006; 132(2):180–211.
Lutz, A., Slagter, H.A., Dunne, J.D., Davidson, R.J.: *Attention regulation and monitoring in meditation*. Trends Cogn Sci. 2008 Apr; 12(4):163–9.
Farb, N.A.S., Segal, Z.V., Mayberg, H.S., Bean, J., McKeon, D., Fatima, Z., Anderson, A.K.: *Attending to the present: mindfulness meditation reveals distinct neural modes of self reference*. Soc Cogn Affect Neurosci. 2007 Dec; 2(4):313–22.
Hölzel, B.K., Ott, U., Gard, T., Hempel, H., Weygandt, M., Morgen, K., Vaitl, D.: *Investigation of mindfulness meditation*

practitioners with voxel-based morphometry. Soc Cogn Affect Neurosci. 2008 Mar; 3(1):55–61.
Hölzel, B. K., Carmody, J., Evans, K. C., Hoge, E. A., Dusek, J. A., Morgan, L., Pitman, R. K., Lazar, S. W.: *Stress reduction correlates with structural changes in the amygdala*. Soc Cogn Affect Neurosci. 2010 Mar; 5(1):11–7.
Lazar, S. W., Kerr, C. E., Wasserman, R. H., Gray, J. R., Greve, D. N., Treadway, M. T., McGarvey, M., Quinn, B. T., Dusek, J. A., Benson, H., Rauch, S. L., Moore, C. I., Fischl, B.: *Meditation experience is associated with increased cortical thickness*. Neurorep. 2005 Nov; 16(17):1893–7.
Pagnoni, G., Cekic, M.: *Age effects on gray matter volume and attentional performance in Zen meditation*. Neurobiol Aging. 2007 Oct; 28(10):1623–7.
Moore, A., Malinowski, P.: *Meditation, mindfulness and cognitive flexibility*. Consc Cogn. 2009 Mar; 18(1):176–86.
Kozhevnikov, M., Louchakova, O., Josipovic, Z., Motes, M. A.: *The enhancement of visuospatial processing efficiency through Buddhist deity meditation*. Psychol Sci. 2009 May; 20(5):645–53.
Lutz, A., Slagter, H. A., Rawlings, N. B., Francis, A. D., Greischar, L. L., Davidson, R. J.: *Mental Training Enhances Attentional Stability: Neural and Behavioral Evidence*. J Neurosci. 2009 Oct; 29(42):13418–27.
Sears, S., Kraus, S.: *I think therefore i om: cognitive distortions and coping style as mediators for the effects of mindfulness meditation on anxiety, positive and negative affect, and hope*. J Clin Psychol. 2009 Jun; 65(6):561–73.
Schmertz, S. K., Anderson, P. L., Robins, D. L.: *The relation between self-report mindfulness and performance on tasks of sustained attention*. J Psychopathol Behav Assess. 2009; 31(1):60–6.
Chambers, R. H., Lo, B. C. Y., Allen, N. B.: *The impact of intensive mindfulness training on attentional control, cognitive style, and affect.* Cognit Ther Res. 2008; 32:303–22.

Farb, N.A.S., Anderson, A.K., Mayberg, H., Bean, J., McKeon, D., Segal, Z.V.: *Minding one's emotions: mindfulness training alters the neural expression of sadness.* Emotion. 2010 Jan; 10(1):25–33.

Baer, R.A., Smith, G.T., Allen, K.B.: *Assessment of mindfulness by self-report: The Kentucky Inventory of Mindfulness Skills.* Assessment. 2004 Sep; 11(3):191–206.

Baer, R.A., Smith, G.T., Hopkins, J., Krietemeyer, J., Toney, L.: *Using self-report assessment methods to explore facets of mindfulness.* Assessment. 2006 Mar;13(1):27–45.

Baer, R.A., Smith, G.T., Lykins, E., Button, D., Krietemeyer, J., Sauer, S., Walsh, E., Duggan, D., Williams, J.M.: *Construct validity of the five facet mindfulness questionnaire in meditating and nonmeditating samples.* Assessment. 2008 Sept; 15(3):329–42.

Brown, K. W., Ryan, R.M.: *The benefits of being present: Mindfulness and its role in psychological well-being.* J Person Soc Psychol. 2003 Apr; 84(4):822–48.

Carlson, L.E., Brown, K.W.: *Validation of the Mindful Attention Awareness Scale in a cancer population.* J Psychosom Res. 2005 Jan; 58(1):29–33.

Thaye Dorje, T. (17. Gyalwa Karmapa): *Das buddhistische Buch von Weisheit und Liebe. Erzählt von Gilles van Grasdorff.* Amsterdam: Edition Milarepa; 2004.

Seegers, M.: *Wissen über Meditation: Sichtweise und Meditation im Diamantweg-Buddhismus.* Wuppertal: Buddhistischer Verlag; 2004.

Nydahl, O: *Das große Siegel: Die Mahamudra-Sichtweise des Diamantweg-Buddhismus.* München: Droemer/Knaur; 2006.

Das Verwirklichen menschlicher Qualitäten

Eberling, M.: *Mahatma Gandhi – Leben, Werk, Wirkung.* Frankfurt a. M.: Suhrkamp Verlag; 2006.

Troeger, B.: *Florence Nightingale: Der Engel der Verlassenen.* Gießen: Brunnen-Verlag; 2010.
Thompson, J. K., Heinberg, L. J.: *The media's influence on body image disturbance and eating disorders: We've reviled them, now can we rehabilitate them?* J Soc Iss. 1999; 55(2):339–53.
Harrison, K.: *The body electric: Thin-ideal media and eating disorders in adolescents.* J Communic. 2000; 50:119–43.
Harrison, K., Cantor, J.: *The relationship between media consumption and eating disorders.* J Communic. 1997; 47:40–67.
Lavine, H., Sweeney, D., Wagner, S. H.: *Depicting women as sex objects in television advertising: Effects on body dissatisfaction.* Pers Soc Psychol Bull. 1999; 25:1049–58.
Dittmar, H.: *Consumer culture, identity, and well-being: the search for the »good life« and the »body perfect«.* Hove, UK: Psychol Press; 2007.
Dittmar, H., Halliwell, E., Ive, S.: *Does Barbie make girls want to be thin? The effect of experimental exposure to images of dolls on the body image of 5- to 8-year-old girls.* Dev Psychol. 2006 Mar; 42(2):283–92.
Halliwell, E., Dittmar, H.: *Does size matter? The impact of model's body size on women's body-focused anxiety and advertising effectiveness.* J Soc Clin Psychol. 2004 Feb; 23(1):104–22.
Ricciardelli, L. A., McCabe, M. P.: *Children's body image concerns and eating disturbance: A review of the literature.* Clin Psychol Rev. 2001 Apr; 21(3):325–44.
Espinoza, P., Penelo, E., Raich, R. M.: *Disordered eating behaviors and body image in a longitudinal pilot study of adolescent girls: What happens 2 years later?* Body Image. 2010 Jan; 7(1):70–3.
Cohane, G. H., Pope Jr., H. G. : *Body image in boys: A review of the literature.* Int J Eat Disord. 2001; 29(4):373–79.
Rooney, W.: *Wayne Rooney: My story so far.* London: Haper-Sport; 2006.

Character Education: *Learning for life: Exploring core values.* Online unter: http://www.learningforlife.org.uk

Fuchs, M., Gill, S.: *Moderne Helden*. Bielefeld: Kamphausen-Verlag; 2005.

Maitreya & Asanga: *Buddha Nature: The Mahayana Uttaratantra Shastra* (transl. by R. Fuchs). Ithaca, NY: Snow Lion; 2000.

Maitreya & Asanga: *The Changeless Nature: Mahayana Uttaratantra Sastra* (transl. by Ken and Katia Holmes). Eskdalemuir, UK: Karma Kagyu Trust; 1985.

Seegers, M.: *Buddhistische Grundbegriffe* (5. Aufl.). Wuppertal: Buddhistischer Verlag; 2004.

Nydahl, O: *Das große Siegel: Die Mahamudra-Sichtweise des Diamantweg-Buddhismus*. München: Droemer/Knaur; 2006.

ders.: *Wie die Dinge sind: Eine zeitgemäße Einführung in die Lehre Buddhas.* München: Droemer/Knaur; 2004.

Lehnert-Kossowski, M.: *Die Aktivität von Lopön Tsechu Rinpoche*. Buddhismus Heute 2004; 37:17–23.

Pemberton, J. H.: *The Buddha meets Socrates: A Philosophical Journal.* Bloomington: Xlibris; 2008.

Douglas, N., White, M.: *Karmapa: König der Verwirklicher*. Wuppertal: Buddhistischer Verlag; 2005.

Wangchug Dorje (9. Karmapa): *Das Diamantlicht des gewöhnlichen Geistes: Mahamudra-Praxis*. Wien: Octopus Verlag; 1989.

Die eigene Zukunft gestalten

Fredrickson, B. L.: *Positivity: Groundbreaking research reveals how to embrace the hidden strength of positive emotions, overcome negativity, and thrive.* New York: Crown; 2009.

Algoe, S. B., Haidt, J., Gable, S. L.: *Beyond reciprocity: gratitude and relationships in everyday life*. Emotion. 2008 Jun; 8(3):425–9.

Emmons, R. A.: *THANKS! How the new science of gratitude can make you happier.* New York: Houghton Mifflin; 2007.

Lambert, N. M., Clark, M. S., Durtschi, J., Fincham, F. D., Graham, S. M.: *Benefits of expressing gratitude: expressing gratitude to a partner changes one's view of the relationship.* Psychol Sci. 2010 Apr; 21(4):574–80.

Bartlett, M. Y., DeSteno, D.: *Gratitude and prosocial behavior: helping when it costs you.* Psychol Sci. 2006 Apr; 17(4):319–25.

Snyder, C. R.: *Hope Theory: Rainbows in the mind.* Psychol Inq. 2002; 13(4):249–75.

Tong, E. M. W., Fredrickson, B. L., Chang, W., Lim, Z. X.: *Re-examining hope: The roles of agency thinking and pathways thinking.* Cogn Emot. Published online: 18 September 2009 (iFirst).

Kalu Rinpoche: *Gently Whispered.* Barrytown, NY: Station Hill Press; 1994.

Williams, L. A., DeSteno, D.: *Pride and perseverance: the motivational role of pride.* J Pers Soc Psychol. 2008 Jun; 94(6): 1007–17.

ders.: *Pride: Adaptive social emotion or seventh sin?* Psychol Sci. 2009 Mar; 20(3):284–8.

Thrash, T. M., Elliot, A. J.: *Inspiration: core characteristics, component processes, antecedents, and function.* J Pers Soc Psychol. 2004 Dec; 87(6):957–73.

Nydahl, O.: *Der Buddha und die Liebe: Mit der Weisheit des Diamantweg-Buddhismus eine erfüllte Partnerschaft leben.* München: Droemer/Knaur; 2005.

Wallace, B. A.: *The Four Immeasurables: Cultivating a boundless heart.* Ithaca, NY: Snow Lion; 2004.

Csikszentmihályi, M.: *Flow.* Stuttgart: Klett-Cotta; 2002.

Nakamura, J., Csikszentmihályi, M.: *The concept of flow.* In: Snyder, C. R., Lopez, S. J. (eds): *Handbook of positive psychology.* New York: Oxford University Press; 2002; 89–105.

Moneta, G. B., Csikszentmihályi, M.: *The effect of perceived challenges and skills on the quality of subjective experience.* J Pers. 1996 Jun; 64(2):275–310.

Peterson, C.: *Pleasure and positive experience.* In: Peterson, C.: *A primer in Positive Psychology.* Oxford: Oxford University Press; 2006; 47–74.

Fredrickson, B. L., Losada, M. F.: *Positive affect and the complex dynamics of human flourishing.* Am Psychol. 2005 Oct; 60(7):678–86.

Gable, P. A., Harmon–Jones, E.: *Approach-motivated positive affect reduces breadth of attention.* Psychol Sci. 2008; 19(5):476–82.

Peterson, C., Shackman, A. J., Harmon-Jones, E.: *The role of asymmetrical frontal cortical activity in aggression.* Psychophysiology. 2008 Jan; 45(1):86–92.

Fredrickson, B. L., Cohn, M. A., Coffey, K. A., Pek, J., Finkel, S. M.: *Open hearts build lives: positive emotions, induced through loving-kindness meditation, build consequential personal resources.* J Pers Soc Psychol. 2008 Nov; 95(5):1045–62.

Waugh, C. E., Fredrickson, B. L.: *Nice to know you: Positive emotions, self-other overlap, and complex understanding in the formation of new relationships.* J Pos Psychol. 2006 Apr; 1(2):93–106.

Jigme Rinpoche: *Unsere Gefühle, Schlüssel zu Freude und Glück: Erklärungen zur Lehre Buddhas.* Renchen-Ulm: Bodhi Path; 2006.

Dalai Lama; Ekman, P.: *Gefühl und Mitgefühl: Emotionale Achtsamkeit und der Weg zum seelischen Gleichgewicht.* Berlin: Spektrum Akademischer Verlag; 2009.

Pema Chödrön: *Liebende Zuwendung, Freude im Herz: Dharma als Lehre.* Bielefeld: Aurum/Kamphausen Verlag; 2006.

Nydahl, O.: *Wie die Dinge sind: Eine zeitgemäße Einführung in die Lehre Buddhas.* München: Droemer/Knaur; 2004.

Cohn, M. A., Fredrickson, B. L., Brown, S. L., Mikels, J. A., Conway, A. M.: *Happiness unpacked: Positive emotions increase life satisfaction by building resilience.* Emotion. 2009; 9(3):361–8.

Fredrickson, B. L., Tugade, M. M., Waugh, C. E., Larkin, G. R.: *What good are positive emotions in crises? A prospective study of resilience and emotions following the terrorist attacks on the United States on September 11th, 2001.* J Pers Soc Psychol. 2003 Feb; 84(2):365–76.

Tugade, M. M., Fredrickson, B. L.: *Resilient individuals use positive emotions to bounce back from negative emotional experiences.* J Pers Soc Psychol. 2004 Feb; 86(2):320–33.

Waugh, C. E., Wager, T. D., Fredrickson, B. L., Noll, D. C., Taylor, S. F.: *The neural correlates of trait resilience when anticipating and recovering from threat.* Soc Cogn Affect Neurosci. 2008 Dec; 3(4):322–32.

Nydahl, O.: *Freude.* In: Przybyslawski, A. (Hrsg): *Form und Leerheit: Buddhismus und Wissenschaft.* Wuppertal: Buddhistischer Verlag; 2007.

ders.: *Die sechs befreienden Handlungen (erster Teil).* Kagyü Life. 1990 Jan; 2(1);14–20.

ders.: *Die sechs befreienden Handlungen (zweiter Teil).* Kagyü Life. 1990 Jun; 2(2);23–9.

Fuchs, M.: *Die sechs befreienden Taten.* In: Fuchs, M., Neukirchen, K.: *Best of Buddhismus Heute 2.* Hamburg: Buddhismus Heute Versand; 2004; 66–71.

Park, N., Peterson, C., Seligman, M. E. P.: *Strengths of Character and Well-Being.* J Soc Clin Psychol. 2004 Oct; 23(5): 603–19.

Pilliavin, J. A.: *Doing well by doing good: Benefits for the benefactor.* In: Keyes, C. L. M., Haidt, J. (eds): *Flourishing: Positive psychology and the life well-lived.* Washington: Am Psychol Ass; 2003; 227–47.

Thich Nhat Hanh: *Das Wunder der Achtsamkeit: Einführung in die Meditation*. Stuttgart: Theseus im Kreuz Verlag; 2008.

Kabat-Zinn, J.: *Zur Besinnung kommen: Die Weisheit der Sinne und der Sinn der Achtsamkeit in einer aus den Fugen geratenen Welt*. Freiburg: Arbor-Verlag; 2008.

Baltes, P.B., Staudinger, U.M.: *Wisdom. A metaheuristic (pragmatic) to orchestrate mind and virtue toward excellence*. Am Psychol. 2000 Jan; 55(1):122–36.

Baltes, P.B., Freund, A. M.: *The intermarriage of wisdom and selective optimization with compensation: Two metaheuristics guiding the conduct of life.* In: Keyes, C.L.M., Haidt, J. (eds): *Flourishing: Positive psychology and the life well-lived*. Washington: Am Psychol Ass; 2003; 249–73.

Schwierigkeiten meistern

Stroebe, M.S., Folkman, S., Hansson, R.O., Schut, H.: *The prediction of bereavement outcome: development of an integrative risk factor framework*. Soc Sci Med. 2006 Nov; 63(9):2440–51.

Stroebe, M.S., Schut, H., Stroebe, W.: *Health outcomes of bereavement*. Lancet. 2007 Dec; 370(9603):1960–73.

Neimeyer, R.A., Prigerson, H.G., Davies, B.: *Mourning and Meaning*. Am Behav Sci. 2002 Oct; 46(2):235–51.

Folkman, S., Moskowitz, J.T.: *Stress, positive emotion, and coping*. Curr Dir Psychol Sci. 2000 Aug; 9(4):115–8.

Somerfield, M.R., McCrae, R.R.: *Stress and coping research: Methodological challenges, theoretical advances, and clinical applications*. Am Psychol. 2000 Jun; 55(6):620–5.

Tedeschi, R.G., Calhoun, L.G.: *Posttraumatic growth: Conceptual foundations and empirical evidence.* Psychol Inq. 2004 Jan; 15(1):1–18.

Chrousos, G.P., Gold, P.W.: *A healthy body in a healthy mind – and vice versa – the damaging power of »uncontrollable« stress.* J Clin Endocrinol Metab. 1998 Jun; 83(6):1842–5.

Krantz, D.S., McCeney, M.K.: *Effects of psychological and social factors on organic disease: a critical assessment of research on coronary heart disease*. Annu Rev Psychol. 2002; 53: 341–69.

McEwen, B.S.: *Protective and damaging effects of stress mediators*. N Engl J Med. 1998 Jan; 338(3):171–9.

Davidson, R.J., Kabat-Zinn, J., Schumacher, J., Rosenkranz, M., Muller, D., Santorelli, S.F., Urbanowski, F., Harrington, A., Bonus, K., Sheridan, J. F.: *Alterations in brain and immune function produced by mindfulness meditation.* Psychosom Med. 2003 Jul–Aug; 65(4):564–70.

Tugade, M.M., Fredrickson, B.L.: *Resilient individuals use positive emotions to bounce back from negative emotional experiences.* J Pers Soc Psychol. 2004 Feb; 86(2):320–33.

Waugh, C.E., Wager, T.D., Fredrickson, B.L., Noll, D.C., Taylor, S.F.: *The neural correlates of trait resilience when anticipating and recovering from threat*. Soc Cogn Affect Neurosci. 2008 Dec; 3(4):322–32.

Waugh, C.E., Fredrickson, B.L., Taylor, S.F.: *Adapting to life's slings and arrows: Individual differences in resilience when recovering from an anticipated threat*. J Res Pers. 2008 Aug; 42(4): 1031–46.

Bonanno, G.A., Papa, A., Lalande, K., Westphal, M., Coifman, K.: *The importance of being flexible: the ability to both enhance and suppress emotional expression predicts long-term adjustment*. Psychol Sci. 2004 Jul; 15(7):482–7.

Lazar, S.W., Kerr, C.E., Wasserman, R.H., Gray, J.R., Greve, D.N., Treadway, M.T., McGarvey, M., Quinn, B.T., Dusek, J.A., Benson, H., Rauch, S.L., Moore, C.I., Fischl, B.: *Meditation experience is associated with increased cortical thickness.* Neurorep. 2005 Nov; 16(17):1893–7.

Hölzel, B.K., Ott, U., Gard, T., Hempel, H., Weygandt, M., Morgen, K., Vaitl, D.: *Investigation of mindfulness meditation*

practitioners with voxel-based morphometry. Soc Cogn Affect Neurosci. 2008 Mar; 3(1):55–61.
Farb, N. A., Segal, Z. V., Mayberg, H., Bean, J., McKeon, D., Fatima, Z., Anderson, A. K.: *Attending to the present: mindfulness meditation reveals distinct neural modes of self-reference*. Soc Cogn Affect Neurosci. 2007 Dec; 2(4):313–22.
Northoff, G., Bermpohl, F.: *Cortical midline structure and the self*. Trends Cogn Sci. 2004 Mar; 8(3):102–7.
Northoff, G.: *Die Fahndung nach dem Ich: Eine neurophilosophische Kriminalgeschichte*. München: Irisiana; 2009.
Farb, N. A., Anderson, A. K., Mayberg, H., Bean, J., McKeon, D., Segal, Z. V.: *Minding one's emotions: mindfulness training alters the neural expression of sadness*. Emotion. 2010 Feb; 10(1):25–33.
Lutz, A., Brefczynski-Lewis, J., Johnstone, T., Davidson, R. J.: *Regulation of the neural circuitry of emotion by compassion meditation: effects of meditative expertise*. PLoS One. 2008 Mar; 3(3):e1897.
Lutz, A., Greischar, L. L., Perlman, D., Davidson, R. J.: *BOLD signal in insula is differentially related to cardiac function during compassion meditation in experts vs. novices*. Neuroimage. 2009 Sep; 47(3):1038–46.
Folkman, S., Moskowitz, J. T.: *Coping: pitfalls and promise*. Annu Rev Psychol. 2004; 55:745–74.
Penley, J. A., Tomaka, J., Wiebe, J. S.: *The association of coping to physical and psychological health outcomes: a meta-analytic review*. J Behav Med. 2002 Dec; 25(6):551–603.
Fowler, J. H., Christakis, N. A.: *Dynamic spread of happiness in a large social network: longitudinal analysis over 20 years in the Framingham Heart Study*. Br Med J. 2008 Dec; 337:a2338.
Rath, T., Harter, J.: *Well-being: The five essential elements*. New York: Gallup Press; 2010.
Kiecolt-Glaser, J. K., Loving, T. J., Stowell, J. R., Malarkey,

W. B., Lemeshow, S., Dickinson, S. L., Glaser, R.: *Hostile marital interactions, proinflammatory cytokine production, and wound healing*. Arch Gen Psychiatry. 2005 Dec; 62(12):1377–84.

Boden-Albala, B., Litwak, E., Elkind, M. S., Rundek, T., Sacco, R. L.: *Social isolation and outcomes post stroke*. Neurology. 2005 Jun; 64(11):1888–92.

Karelina, K., Norman, G. J., Zhang, N., Morris, J. S., Peng, H., DeVries, A. C.: *Social isolation alters neuroinflammatory response to stroke*. Proc Natl Acad Sci U S A. 2009 Apr; 106(14):5895–900.

Worthington, E. L., Scherer, M.: *Forgiveness is an emotion-focused coping strategy that can reduce health risks and promote health resilience: theory, review, and hypotheses*. Psychol Health. 2004 Jun; 19(3):385–405.

In die Zukunft schauen

Dauber, H., Auque-Dauber, C.: *Das Glück finden in Achtsamkeit und Präsenz: plaidoyer pour le bonheur.* In: Hoyer, T. (Hrsg): *Vom Glück und glücklichen Leben: sozial- und geisteswissenschaftliche Zugänge*. Göttingen: Vandenhoeck & Ruprecht; 2007; 243–62.

Bokar Rinpoche: *Meditation: Advice for beginners.* San Francisco: ClearPoint Press; 1992.

Seegers, M.: *Wissen über Meditation: Sichtweise und Meditation im Diamantweg-Buddhismus.* Wuppertal: Buddhistischer Verlag; 2004.

Ezechieli, E.: *Beyond sustainable development: Education for Gross National Happiness in Bhutan*. Stanford: Stanford University; 2003. Online unter: http://suse-ice.stanford.edu/monographs/Ezechieli.pdf.